KT-366-918

Les meilleures pages du 'Figaro'

A modern French reader

selected by

G. J. P. COURTNEY, M.A.

HEADMASTER OF ISLEWORTH GRAMMAR SCHOOL

1724

LONGMANS

LONGMANS GREEN & CO. LTD.
48 Grosvenor Street, London W.1
*Associated companies, branches and representatives
throughout the world*

© *Longmans, Green & Co. Ltd. 1963*
First published 1963
New impressions 1964 and 1965

PRINTED IN GREAT BRITAIN BY
LOWE AND BRYDONE (PRINTERS) LIMITED, LONDON, N.W.10

To H.J.H.

Preface

THE extracts in this book, all of them taken either from *Le Figaro* (daily or weekly edition) or *Le Figaro Littéraire*, have been chosen as examples of what is best in French newspaper writing. It is not always possible for a student to read a daily French newspaper and it is rarely practicable for a group of students to have before them the same extract for discussion. The present book may serve as a useful substitute. It should be helpful not only to those who are taking French as a main subject but also to those who are continuing to study the language as part of a general course. The extracts, none of which is concerned with matters of merely passing interest, deal with a wide variety of topics and many of them are humorous. The vocabulary is up to date and should help to bridge the gap which the study of literary texts alone seems often to leave. Any examiner who has read large numbers of essays written by 'A' level students will not need to be reminded of the low standard reached by too many candidates in their attempts to write idiomatic French.

No attempt has been made to grade the extracts, but they have been roughly grouped under topics. Each extract is followed by suggestions for oral discussion or free composition. The experienced teacher will doubtless be able to find many other points for discussion arising from the subject matter. Some of the passages lend themselves to translation or commentary.

The vocabulary is not intended to enable the student to dispense with the use of a good dictionary. But it has been included for the sake of convenience. It contains all the less usual words found in the text and a good many which a student at this level ought to know, but which experience suggests will probably not be known.

My sincere thanks are due to the management of *Le Figaro* for permission to reproduce the articles and illustrations. The number or date of the issue from which each is taken is given on the Contents page. I am grateful also to M David Fournage for reading the material, to Mr C. R. Sneddon for revising the proofs, and to my colleague Mr S. F. Carding-Wells for many valuable suggestions.

G. J. P. C.

Contents

ix

PROVINCIAL AND COUNTRY LIFE

THE FRENCH VIEW OF OTHERS

SCHOOLS AND EDUCATION

CONTENTS

MISCELLANY

Travel and Transport

1. Permis de conduire

Mme X... est furieuse. Elle vient d'échouer à la moitié de son permis de conduire.

— Il y a tant d'accidents! On a recommandé aux examinateurs d'être sévères. Ils font tout pour nous coller.

Mme X... s'est rendue près d'un square, dans un quartier lointain de Paris. Avec les autres candidats, ses compagnons de supplice, elle a attendu plus d'une heure sous la pluie. Elle frissonnait de froid quand son tour est venu. Les six candidats qui la précédaient, tous des jeunes, ont été recalés: les garçons pour le code, les filles pour la conduite.

— Je monte dans la Dauphine où siégeait l'examinateur. Je dis: « Bonjour, monsieur. » Pas de réponse. Il avait l'air d'un inspecteur de police comme dans les films. Chapeau mou, imperméable. Un costaud. Dans les cinquante-cinq ans.

Pendant deux minutes Mme X... attend. Son juge inscrivait des tas de choses sur ses papiers.

Puis il a attaqué:

— Voyons le code! Où y a-t-il des feux clignotants rouges?

— J'ai su, me confesse Mme X... Il l'avait demandé à un autre, avant moi, qui me l'avait dit. Aux passages à niveau à signalisation automatique. Sur les aérodromes. Et sur les barrages de police. Ce dernier truc avait fait coller l'autre.

— Qu'est-ce que c'est que ce signe? a demandé brusquement l'examinateur, en lui montrant un bout de papier, comme s'il lui braquait un revolver sous le nez.

— Une balise, a bégayé Mme X..., rassemblant péniblement ses esprits.

— Quelle différence y a-t-il entre une balise et un stop?

— Au stop on s'arrête complètement, même s'il n'y a rien. Pour la balise on ralentit seulement.

— Pourquoi ne vous arrêtez-vous pas tout à fait à la balise?

— S'il n'y a rien, je passe. S'il y a quelque chose, je laisse la priorité à droite et à gauche.

— Vous auriez dû dire tout de suite qu'il s'agissait d'une route à priorité, a grommelé l'examinateur. Qu'est-ce que c'est que les chaussées à voies matérialisées?[1]

— Celles où il y a des lignes en pointillés.

— Discontinues!... a rectifié brutalement l'examinateur.

— Oh! en pointillés, discontinues, c'est pareil! a tenté de goguenarder Mme X..., la gorge bloquée comme la chèvre de monsieur Seguin.[2]

— Et puis il faut dire qu'elles sont jaunes, a coupé rudement l'autre.

— A Neuilly elles sont blanches! a essayé de flûter Mme X... d'une voix de la même couleur que les lignes en pointillés de Neuilly.

— Partez! a ordonné l'inquisiteur.

C'était la seconde partie de l'examen: la conduite. Mme X... a démarré d'une main et d'un pied en coton. Une sueur d'angoisse ruisselait dans son dos.

— Tournez à droite... à gauche... à droite... à gauche! a intimé le bourreau, tandis que défilaient des rues, dont Mme X... ne fera jamais sans doute, dans les vagabondages futurs de son imagination, le séjour d'une vie de rêve.

— Faites demi-tour! a déclaré le tout-puissant.

— Je ne peux pas tourner au milieu de la rue, a balbutié la pauvrette, flairant un piège. Je dois attendre un carrefour.

— Tournez au carrefour! a insisté la terreur. Et arrêtez-vous là. C'est tout. Je ne peux pas vous donner le permis pour la conduite. Vous n'allez pas assez vite. Mais je vous donne le code.

Mme X... n'eut pas la force de protester qu'une jeune femme, avant elle, avait été collée parce qu'elle allait trop

3

vite et que c'était tout de même étrange, à une époque où les routes étaient jonchées de milliers de cadavres d'automobilistes qui allaient trop vite, d'être recalée à son permis pour aller trop lentement.

— C'est tout de même une consolation pour moi d'avoir le code, soupire-t-elle. J'aurais été vexée à l'égard de mes enfants de ne pas avoir le code, parce que le code s'apprend. Vexée surtout à l'égard de mon fils. A dix-huit ans, l'année dernière, il a été reçu du premier coup!...

PAUL GUTH

[1] Terme employé dans le Code de la Route — une voie où l'on a tracé des lignes jaunes continues ou discontinues.
[2] « La Chèvre de M. Seguin », conte d'Alphonse Daudet (*Lettres de Mon Moulin*).

———

Pour apprendre à conduire, choisiriez-vous de préférence un(e) ami(e), un membre de votre famille ou une auto-école? Donnez vos raisons.

2. *Petit manuel de l'auto-stoppé*

Je viens de longer en voiture tout le littoral. De Bandol à la frontière. Pour le plaisir. Pour passer à petite allure entre le clapotis des vagues et les chapiteaux de toile qui annoncent un peu partout les grandes manœuvres touristiques de la revue des Français en vacances. Et puis, je l'avoue, pour transporter un maximum d'auto-stoppeurs. Histoire de rendre service? Oui, bien sûr. En passant. Mais surtout afin de mettre au point *Le Manuel du parfait auto-stoppé*. On parle, en effet, souvent du statut de l'auto-stoppeur, de ses devoirs et jamais des obligations de courtoisie d'un conducteur de véhicule à qui un ou plusieurs piétons donnent une marque suprême et spontanée de confiance en s'installant à côté de lui sans savoir s'il conduit bien et s'il a un certificat de bonne vie et mœurs. On ne transporte pas, ainsi que je viens de le faire, une trentaine de personnes (pas simultanément, mais au total), on n'écoute pas leurs réflexions, on ne se heurte pas à leur susceptibilité sans en tirer un enseignement. Je livre donc ces quelques remarques à tous ceux qui vont prendre la route du bon côté, c'est-à-dire derrière un volant.

— Si on a l'intention de s'arrêter, le faire à la hauteur de l'auto-stoppeur et non pas à trois cents mètres plus loin pour l'obliger à courir sous le soleil la valise à la main et le sac sur l'épaule.

— Quand le stoppeur monte: ne pas jeter de regards craintifs sur les tapis ou sur les banquettes. (Il est déjà trop tard pour reculer...)

— Ne pas donner à l'auto-stoppeur l'impression qu'il est un élément rapporté dans le véhicule. (S'il y a déjà plusieurs passagers, instaurer une conversation générale.)

— Se montrer cordial, simple, bon enfant ou mondain selon le ton adopté par le visiteur.

— Avoir des cigarettes blondes et brunes dans la boîte à gants. (Ne pas attendre que votre hôte les sollicite, mais en offrir spontanément.)

— Se renseigner pour savoir si la radio ne le gêne pas et s'il préfère le jazz ou la musique classique.

— Eviter tout sujet de discussion politique.

— Eviter les gaffes. Ne pas dire par exemple: « *Avec des gens comme vous, ce n'est pas étonnant si la S.N.C.F.*[1] *fait du déficit...* »

— Ne pas insister lourdement sur les caractéristiques techniques de votre véhicule. Si on vous demande l'année de la voiture, sa marque, son prix d'achat, répondre rapidement, mais sans en tirer au passage un sujet de gloriole susceptible de braquer le stoppeur qui ne dispose, lui, que de deux souliers sans possibilité spéciale.

— Si vous chargez un Ecossais: ne pas faire de plaisanterie surannée sur le kilt.

— En présence d'un étudiant étranger: bien se renseigner sur sa nationalité avant d'entamer la diatribe digestive contre les pays sous-développés.

— Si vous transportez un couple, évitez de le questionner pour savoir s'il est régulièrement marié.

— Si le stoppeur possède pour tout bagage une guitare, ne remarquez pas: « *Il y a des moyens plus sérieux de gagner sa vie.* » (La guitare sert parfois de matraque.)

— Offrir à boire tous les cent kilomètres environ. A déjeuner ou à dîner, si c'est l'heure. Dans ce cas, ne choisissez pas un snack ou une buvette de dernier ordre. Votre invité serait parfaitement sensible à ce changement trop visible de vos habitudes.

— Ne dites pas à une jeune auto-stoppeuse: « *Vous êtes trop jolie pour marcher longtemps à pied.* » Même si c'est faux, il faut toujours laisser penser que vous agissez par solidarité pure. Souvenez-vous, au moment de risquer une galanterie un peu lourde, que la liberté des jeunes filles en vacances sur la Côte est complète: elles dansent avec qui leur plaît, elles dînent avec qui elles peuvent...

— Savoir, à l'occasion, faire un détour. (« *J'allais à Rouen, mais je passe par Marseille pour vous faire plaisir...* »)

— Si le stoppeur vous dit au moment de vous quitter: «*Combien vous dois-je?* », ne pas répondre d'un air bougon: « *Vous me prenez pour un taxi!...* », mais d'un air aimablement dégagé: « *Ça fait cinquante mille francs.* » (S'arranger pour avoir, à cet instant, la tête de la personne transportée dans son rétroviseur.)

Voilà, je pense, les débuts d'un rudiment qui figurera

bientôt sans nul doute en appendice au code de la route. Les lois de l'hospitalité sont sacrées, même à cent vingt kilomètres à l'heure. Ne perdez jamais de vue que, par définition, l'auto-stoppeur constitue une élite: on en trouve finalement beaucoup moins que d'automobilistes. Son dépouillement lui donne droit à certains égards. Assimilez-le provisoirement à ces moines quêteurs du Moyen Age qui avaient fait vœu de pauvreté.

Alors, prenez donc comme nouvelle devise ce premier commandement de l'auto-stoppé: « *Roule ton prochain comme toi-même.* »

PHILIPPE BOUVARD

[1] S.N.C.F.—Société Nationale des Chemins de Fer français.

---

1. Rédigez un 'Petit Manuel de l'auto-stoppeur'
2. Certains prétendent que faire de l'auto-stop est immoral: êtes-vous de cet avis?
3. Inventez une conversation entre un chauffeur et un jeune homme qu'il a invité à prendre place dans sa voiture.

3. Les hôtesses de l'air

A quelques semaines des vacances, il est intéressant de faire plus ample connaissance avec les jeunes filles à qui est confié le confort physique et moral des passagers sur les lignes aériennes: les hôtesses de l'air, dont la place est devenue d'importance dans le tourisme d'aujourd'hui.

Actuellement, 482 hôtesses sont en service sur les avions de la compagnie Air France. Employées en moins grand nombre que les stewards, leur recrutement se fait plus souvent cependant: les carrières d'hôtesses sont souvent éphémères à cause de l'obligation de célibat qui accompagne l'exercice de ce métier.

En 1961, 232 hôtesses nouvelles ont été sélectionnées par la compagnie.

Nous avons demandé à Mlle Catry, chef-hôtesse, quelles étaient, à son avis, les qualités indispensables:

— Au départ, l'hôtesse doit posséder un excellent équilibre et le goût des relations humaines, nous a-t-elle répondu, Par la suite, au cours de sa carrière, elle trouvera de multiples occasions d'autres vertus nécessaires: patience, douceur, calme, dévouement, et une souriante philosophie de la vie.

Des vocations précoces naissent souvent au cours de voyages en avion. Dès l'âge de 21 ans, des jeunes filles peuvent être admises à suivre les quelques semaines de stage à terre qui leur permettront ensuite de parfaire leur apprentissage à bord d'un avion.

Nous sommes allés à Orly rendre visite à des stagiaires. C'est à bord d'une maquette de Boeing que nous les avons trouvées. Pendant la durée des stages, en effet, les futurs stewards et hôtesses déjeunent dans le cadre reconstitué d'un avion. Chaque jour, un jeune homme et une jeune fille sont désignés pour servir le déjeuner de leurs camarades, transformés provisoirement en passagers.

Avec un parfait sérieux, sous nos yeux, le steward et l'hôtesse de service, déjà revêtus de l'uniforme de la compagnie, ont distribué les plateaux réglementaires et proposé bonbons, cigarettes et liqueurs (factices) aux autres élèves. Ces derniers ont accompli non moins sérieusement leur rôle de passagers, en bouclant consciencieusement leurs ceintures au décollage et à l'arrivée.

Pendant toute la durée du voyage imaginaire vers Dakar, l'hôtesse a fait au micro les annonces habituelles en français et en anglais, qui décrivent les paysages survolés.

Les instructeurs ont chronométré le déjeuner et corrigé

les moindres entorses au rituel compliqué qui préside au service des repas dans les avions Boeing et Caravelle.

Outre ces cours pratiques, les stagiaires suivent des cours théoriques sur des sujets aussi variés que la géographie et le secourisme.

Une fois leur instruction terminée les nouvelles hôtesses sont affectées sur l'un des trois réseaux d'Air France: Boeing, Caravelle, et avions à pistons. Ce n'est pas l'attrait des voyages qui a poussé la majorité d'entre elles à adopter ce métier mais la perspective de se rendre utile à autrui et la possibilité de nombreux contacts humains.

On nous a dit, à Air France:

— L'histoire qui veut que l'hôtesse épouse un riche passager n'est qu'une jolie légende.

Cependant de solides amitiés se lient parfois entre les hôtesses et des passagers qui ont su apprécier la gentillesse et le dévouement de ces anges gardiens de l'air.

BRIGITTE MURIEL

---

1. Trouvez des raisons qui amèneraient une jeune fille à choisir la carrière d'hôtesse de l'air.

2. Décrivez un voyage que vous avez fait en avion en faisant allusion au rôle joué par les stewards et l'hôtesse.

4. Terre de fous enragés

Rare nouvelle: en ce début de juin, la location pour les trains-autos est déjà close, certains jours, entre l'Angleterre et le Midi. On n'admet plus de clients, tant les Anglais sont nombreux à poser leur auto sur une prolonge et leur dos dans un wagon-lit, plutôt que de rivaliser de vitesse et de périls sur la nationale 7...[1]

Depuis Douvres, les Anglais nous observent. Ils rêvent de venir, les voilà! N'est-il pas étrange que trois journaux anglais cette semaine étudient la « moralité automobile » des Français? « Un vrai Frenchman, disent-ils, se verra volontiers voler sa carte d'électeur. Mais pas sa priorité.[2] Cela le jette dans une crise nerveuse. »

Je ferai remarquer à mes bons amis anglais que cette réaction de la majorité n'est pas celle des sages… L'illustre coureur qu'est Trintignant vous dira comme moi:

— Si je ne cédais pas ma priorité cent fois par jour, je serais tué!

Il en résulte, disent les Anglais, un jeu redoutable où on se terrorise mutuellement. Une seule règle à Paris: effrayer pour vaincre. En résumé, un « *poker de hérissons* ».

Nos taxis aussi épouvantent les Anglais. (Je les trouve au contraire raisonnables.) Mais l'art parisien de passer avec 1 m. 75 d'ailes dans un espace de 1 m. 77 les effare. Malheureusement, certains Français entreront cet été à 110 dans un virage qui permet le 80, et ils scieront les arbres avec leurs autos. Affreux pour le paysage, désolant pour eux…

Quant à ces batailles pour la priorité, elles datent de Louis XIV (il y eut en 1675 une bagarre entre les cochers de deux ducs, qui allèrent se plaindre au Conseil du roi. Voyez-vous une histoire de priorité finir à l'Elysée?)

Ce qui frappe aussi les Anglais, c'est que « le Parisien roule très peu. Il a une voiture devant chez lui par pur orgueil. Ses voyages de quarante minutes, le métro les fait en dix ».

Un rédacteur de *Men Only* assure:

« Les Parisiens commencent à stationner, à se voler les places dès 7 heures du matin. Comme ils n'ont rien à faire jusqu'à 9, ils vont dans les cafés manger des croissants!… »

(Il est vrai qu'une de mes amies me dit ne pouvoir s'arrêter devant chez elle parce qu'une voiture y arrive trop tôt, celle de sa femme de ménage; et une autre n'en bouge jamais: celle de sa concierge.)

Là est évidemment le drame essentiel. Mais savez-vous que du temps de Néron ce problème était résolu? Aucun char ne pouvait sortir le jour. Ils ne roulaient que la nuit.

— Le Français qui voit un feu tourner au rouge, continuent nos Anglais, fonce comme le taureau espagnol. S'il s'arrête aux Champs-Elysées, qui sont vastes, c'est pour poser une petite lettre. *S'il voit une rue très étroite, il y va livrer deux mille citrouilles.* (Exact). Pour sortir du bruit et des gaz le dimanche, il se rue dans les gaz et le bruit. Au retour, par les autoroutes, il y a économie à débrayer et à se laisser pousser par les autres... »

Autres opinions: « Le désordre vient de ce que les agents sont à pied. On ne chasse pas le lièvre avec une tortue. Quatre motards roulant sans cesse dans chaque arrondissement ramèneraient l'ordre en huit jours. » (Très vrai.) Voilà ce que nous disent les Anglais qui, pour nous éviter pendant quelques milles, remplissent les cabines du train-autos. Oui, sur bien des points, ils ont raison...

Mais depuis leur rivage où, quand on ne voit pas la France, c'est qu'il pleut — et, quand on la voit, c'est qu'il va pleuvoir! — ils songent avec joie à cette terre de fous enragés où les parfums, les dîners, les horizons et les femmes ne sont vraiment jamais les mêmes qu'ailleurs...

HERVÉ LAUWICK

[1] la Nationale 7 — la Route Nationale 7.
[2] la priorité — En général, sur les routes françaises la voiture venant de la droite a la priorité.

---

1. Les avantages des trains auto-couchettes.

2. La « moralité automobile » des Anglais vue par un Français.

3. Expliquez l'attrait de la France pour le touriste anglais.

5. Un paquebot entre dans le port de New York

New York, 9 février (*de notre envoyé spécial permanent*).

Nous avons été, hier, à la rencontre du *France* en mer. Il faisait gris et froid et nous savions déjà que le bateau avait essuyé une bonne tempête d'hiver au cours de sa traversée. Vue de près, et de là où nous étions, au ras de l'eau, la haute paroi noire portait à l'arrivée des taches de rouille consécutives aux traversées agitées. Il est vrai que la peinture des bateaux neufs est relativement mince et qu'elle ne se culotte qu'à l'usage, de raccords en raccords.

Les autorités new-yorkaises avaient exigé que les personnes montant à bord soient munies d'un certificat de vaccination en raison des cas de variole décélés en Angleterre. *France* n'avait-il pas fait escale à Southampton ? Certificat en main, la meute journalistique et mondaine de New York se rua à l'assaut. On ne tarda pas à servir le champagne.

Au dehors, la marche d'approche s'était transformée en parade. Remorqueurs pavoisés, bateaux-pompes municipaux faisant jet de toutes parts, hélicoptères et avions d'observation dans le ciel, embarcations privées, chargées de curieux.

Chacun y allait de sa sirène. *France* rendait la politesse d'une voix grave et puissante, aux harmonies soigneusement calculées pour que le tympan n'en soit pas incommodé mais pour que l'impression de grandeur reste forte.

Nous avons donc remonté l'Hudson avec l'accompagnement de ce concert discontinu, en nous disant une fois de plus que cette procession est exactement la contrepartie fluviale de ce que représente la remontée de Broadway pour quelque grande vedette internationale.

Le paquebot est venu s'immobiliser par le travers de la

12

jetée 88. C'est là que les remorqueurs le prirent en charge pour lui faire effectuer la manœuvre délicate d'accostage. Tout se passa avec une souple et agréable rapidité. Le département new-yorkais de la voirie (le terme américain est *sanitation*) avait posté son orchestre qui jouait « En passant par la Lorraine » et « La Madelon » au moment où *France* touchait les butoirs. A l'intérieur du bateau, les haut-parleurs du bord diffusaient en sourdine des fanfares de Lulli et des airs de Couperin — c'était la *sanitation* qui faisait certainement le plus de bruit. Un couple élégant agitait des mains enthousiastes: c'était l'ambassadeur de France et Mme Hervé Alphand.

France restera à quai jusqu'à mardi. Une succession de déjeuners et de dîners commencent à se dérouler dès aujourd'hui. De nombreux magasins de New York et les agences de voyage ont décoré leurs vitrines sur le thème *Bienvenue au « France ».*

« Sacré bateau, belle journée pour vous », m'a dit tout à l'heure le sempiternel chauffeur de taxi brooklynois, traduisant l'opinion générale.

NICOLAS CHATELAIN

1. Expliquez le grand attrait qu'ont les paquebots pour le public.

2. Les grands paquebots et le prestige national.

6.   *Quelle hâte inutile!*

Les voitures, les unes derrière les autres, montent vers cette béante et sombre entrée, où elles vont s'engouffrer. Un groupe d'agents, de motocyclistes, immobiles devant leur loge et gardiens de cet enfer, les regardent passer.

Demain, une statistique nous dira le nombre (comment les compte-t-on?) de toutes celles qui ont défilé sous ce tunnel. Peu importe; peu leur importe. Il faut partir: elles sont parties. Le tunnel franchi, dans un assourdissant fracas, un miroitement de phares allumés puis éteints et une atmosphère saturée, elles vont déboucher, de l'enfer, sur un paradis. Je ne connais pas d'autres routes qui réalisent si bien, le miracle de faire disparaître une ville — et quelle ville! — pour vous porter soudain dans un horizon de verdure, et l'un des plus harmonieux qui soient. Il y a suffi de ce tunnel: nous avons quitté l'inhumaine maçonnerie de notre siècle pour entrer dans une Arcadie de Poussin.

J'espère qu'il est quelques-uns de ces fugitifs d'un jour pour le voir et en jouir. Je n'en suis pas sûr. Tout à l'heure, je regardais le groupe des agents qui considéraient, en témoins coutumiers, cette longue fuite de voitures différentes de forme et de couleur, qui se ressemblaient pourtant toutes, car une même volonté de hâte les unifiait. Ce n'était plus qu'un serpent annelé, qui paraissait devoir être sans fin, qui se prolongeait sur le pont de Saint-Cloud et dans les avenues adjacentes; cependant chacune de ces voitures avait un conducteur, des passagers; chacune portait son destin particulier, son poids de vie; mais il en était quelques-unes qui, déjà, étaient choisies par la mort.

Lesquelles? Cela ne se voit pas. Il y a bien des fous sur les routes dont on pense qu'ils seront tôt ou tard les victimes de leur folie. Ce n'est pas certain; et il est des sages et de plus innocents qui partent heureux chaque dimanche matin et seront le soir ces pauvres choses étalées sur un remblai ou, brisées, dans un lit d'hôpital. Mais quand ils partent les uns et les autres, aucun signe ne se remarque sur les voitures qu'ils conduisent ni sur eux-mêmes — sauf, pour le plus grand nombre de ces victimes, la hâte inutile qui est une perfide invitation du sort.

Les hommes devraient savoir ce qu'il en est de la hâte. Mais les voilà lancés sur cette belle route et courant comme les lévriers après leur lièvre en carton. Quelle hâte! Et pourquoi? Les vraies vacances d'un homme actif seraient de ne plus être pressé, de jouir enfin de cette richesse, indépendance envers le temps et, pour chacun de nous, la faculté de lui donner la valeur qui lui agrée.

J'ai rencontré une voiture, une seule, qui avançait lentement, souhaitant sans doute ne rien perdre des agréments du jour. Une voiture puissante et sobre dont la marche raisonnable irritait de médiocres suiveurs. Il eût suffi, au conducteur de cette voiture, d'une pression et personne n'eût pu le rejoindre. Mais précisément c'est là ce qu'il ne voulait pas. Cette absence de hâte, parmi cet esclavage de vitesse, devenait souveraine. C'est ainsi, je le suppose, que les dieux avançaient dans le ciel; et le roi, certainement, à Versailles. Le propriétaire de la voiture se promenait, sûr de sa puissance et veillant à ne compromettre en rien sa promenade; mais, seul ou à peu près de sa race, ce jour-là, sa distinction semblait une provocation parmi tant de hâtes inutiles dont nous lirions le lendemain le funèbre bilan.

Par nature et par goût, je n'apprécie pas la hâte: elle nous retire de la dignité, nous prive de réflexion et du plaisir de voir. Combien de gens sont incapables de décrire le chemin qu'ils prennent tous les jours; combien vivent dans une ville qu'ils ne connaissent pas, auprès d'êtres qu'ils auront méconnus! M'affirmera-t-on que la hâte est une nécessité de la vie moderne et de ses créations? Alors tant pis. Je la trouve complice des œuvres sans durée, des sentiments sans gages, des promenades sans souvenirs. J'ajouterai que ce n'est pas seulement sur les routes qu'elle abrège la vie: c'est sur l'étendue même d'une existence. Je sais que la pensée admirable de saint Augustin: « Tout ce qui doit finir est si court! » semble nous inviter à nous presser de

15

réaliser ce qui doit l'être. Mais ce n'est pas dans la hâte que s'accomplit l'essentiel et se rencontrent les vrais plaisirs: c'est dans un mouvement plus calme qui accorde au regard, à l'esprit et au cœur la plénitude de leur pouvoir.

GUERMANTES

1. Résumez les idées principales de cet extrait.

2. La hâte—maladie de notre siècle.

3. Expliquez: une Arcadie de Poussin
   une perfide invitation du sort
   sa distinction semblait une provocation
   je la trouve complice des œuvres sans durée, des sentiments sans gages, des promenades sans souvenirs.

Paris

— *Poussez pas !*

7. Une journée de grèves à Paris

Zut! il pleut! Cette exclamation résumait, hier matin, l'état d'esprit des Parisiens, et des banlieusards surtout, pour qui une grève des autobus, et même du métro, ne sont à peu près acceptables que lorsqu'elles leur fournissent une partie de *footing* par un temps printanier.

De fait, si la température s'était adoucie, le ciel gris n'incitait pas à l'optimisme le million de voyageurs qui attendaient en vain, aux portes de Paris et ailleurs, les autobus. Si, aux premières heures de la matinée, il y eut des queues aux têtes de lignes, elles furent très réduites et souvent inexistantes dans Paris, les usagers ayant été prévenus de la grève des autobus par la presse du matin.

C'est aussi pourquoi l'on ne vit pas, dans les rues, les théories habituelles de piétons se rendant à leur travail.

En revanche, les encombrements de voitures furent nombreux et importants dans la périphérie.

Apercevant un autobus au terminus de la ligne n° 32, à l'orée du Bois de Boulogne, j'interroge un gradé (trois étoiles) de la R.A.T.P.[1] Comme ses collègues d'autres stations, il me renseigne, détendu, très aimable même. « Les arrêts de travail sont variables suivant les dépôts. Pour le 32, par exemple, un tiers des voitures circule. Quant aux clients, ils sont rares. La plupart ont pris le métro, qui est plein. De plus, ceux du 32 sont surtout des voyageurs allant à la gare de l'Est ou à Saint-Lazare. Or, comme les trains ne doivent pas marcher! »

Au terminus des autobus Saint-Lazare, même son de cloche. Toutes les lignes sont touchées: le service y est réduit. Sur certaines, les voitures n'effectuent qu'une partie du parcours. Aussi l'auto-stop a-t-il fonctionné et, devant moi, rue du Havre, un monsieur sort d'une voiture conduite par une dame que visiblement il connaît peu et qu'il remercie

18

avec force « salamalecs ». « J'arrive de Bois-Colombes, me dit-il, amer, et j'y serais encore sans cette charmante personne!... »

Quant aux gares, elles offraient hier un aspect inhabituel. A Saint-Lazare, les pas résonnaient étrangement dans le hall vide des Pas-Perdus. Un petit groupe au milieu : ce sont les grévistes qui lisent les journaux. Un éclat de voix me fait sursauter : c'est un malheureux marin qui cherche un train. « Ça fait douze mois que je suis à la base aéronavale de Karouba, en Tunisie. J'arrive en « perm », et pas de train pour aller chez moi, au Havre. Ils vont fort quand même ! »

Seule consolation : au commissariat spécial, on l'aiguille sur la caserne de la Pépinière où il lui sera tenu compte de cette amputation de congé.

Que ce soient les chauffeurs de taxi dont la longue file s'étire devant la gare, la caissière du cinéma Cinéac, où personne ne vient voir D'Artagnan et les Trois Mousquetaires, ou les commerçants des rues avoisinantes, tous ont pâti de la grève, mais une certaine philosophie n'est pas absente de leurs propos, comme de ceux de la bibliothécaire de Saint-Lazare qui me dit : « Les clients sont rares. Ça a un bon côté : j'en profite pour mettre un peu d'ordre dans la présentation de mes bouquins. »

(Voir le passage suivant)

JEHAN DE CASTELLANE

[1] R.A.T.P.—Régie Autonome des Transports Parisiens.

---

1. Imaginez l'effet d'une grève (*a*) des cheminots; (*b*) des employés des centrales électriques; (*c*) des professeurs de lycée.
2. Racontez les aventures du « malheureux marin » en vous mettant à sa place.

19

8. Contraventions inopportunes

Au cours de l'une des journées de grève que nous venons de subir, un de nos lecteurs s'est vu infliger une contravention pour stationnement illicite, comme tant d'autres automobilistes d'ailleurs. Ayant trouvé cette sanction abusive, il a écrit au préfet de police une lettre dont nous reproduisons ci-dessous l'essentiel.

Monsieur le Préfet,

Je suis très étonné de l'avis de contravention que j'ai trouvé tout à l'heure sur ma voiture.

En effet, je trouve tout à fait incroyable qu'une telle contravention ait pu être relevée contre moi alors que:

1. Nous sommes aujourd'hui le MARDI 19 JUIN, en pleine grève de l'électricité, si bien que la circulation dans Paris est énorme et que l'on ne trouve aucune place pour stationner.

2. Je stationnais à cheval sur le passage clouté, presque en face du Palais de la découverte, au coin d'une petite rue, ce qui ne gênait en rien ni les piétons ni la circulation.

3. Alors que j'ai mis ce matin deux heures pour venir de chez moi et perdu un temps considérable à chaque déplacement tout au long de la journée, il m'apparaît donc que le gardien qui a relevé la contravention contre moi aurait été mieux placé à s'occuper de la circulation.

4. Je vous précise que je m'astreins à circuler toute l'année dans une petite voiture, afin de gêner au minimum circulation et stationnement, et que je m'en suis servi ce jour pour véhiculer, chaque fois que je le pouvais, des gens qui attendaient sans grand espoir aux stations d'autobus.

En résumé, j'estime cet avis de contravention tout à fait intempestif, et même intolérable, je me permets de vous le dire très respectueusement, alors qu'une grève des services publics rend très difficile la vie de chacun d'entre nous.

[Nous nous associons pleinement à la protestation de notre lecteur et nous espérons que les contraventions données — un peu trop généreusement — durant ces journées de grève seront examinées — et annulées — dans un très large esprit de compréhension.]

1. Que pensez-vous de l'action de l'agent?

2. Rédigez la réponse du préfet de police à l'auteur de cette plainte.

9. Une bonne à tout faire

Ayant épuisé les ressources de la colonie espagnole de Paris, nous cherchions de nouveau une bonne à tout faire. Quête banale en soi. Ce qui fut plus surprenant, c'est qu'après dix jours d'attente il se présenta enfin un spécimen de l'espèce recherchée.

Elle arriva un dimanche après le déjeuner, à l'heure du café, comme une cousine de province. Elle était libre. Encore que son mari et ses trois enfants l'accompagnassent. Comme il n'était pas dans notre propos de jeter le trouble au sein d'une famille apparemment aussi unie, je fis asseoir tout le monde.

« La personne en question », comme disent avec un brin d'onction les directrices de bureaux de placement, était également nantie de copieuses références. Rien d'étonnant, d'ailleurs, vu son âge. Une soixantaine bien sonnée, pensai-je, en regardant alternativement la dame et le bouton électrique qui achemine rituellement les états d'âme du salon jusqu'aux parois de la Grotte, chère à Jean Anouilh. Formalités que tout cela. La question des gages fut plus épineuse. A l'entendre, les années n'avaient en rien ralenti son activité ménagère. Bien au contraire. Son expérience des maisons bourgeoises (dans sa bouche, cette locution prenait

B   21

une acceptation légèrement péjorative qui nous mit mal à l'aise) lui donnait un net avantage sur « ces jeunesses qui savent à peine faire cuire un œuf à la coque et qui vous ramènent chaque semaine, après le bal du samedi soir, des individus douteux ». Séduits cependant, nous convînmes, en présence de tant de mérites, qu'il était normal de reconsidérer le chapitre ancillaire de notre budget. Je votai sur l'heure le supplément de crédits nécessaire.

L'affaire n'était pas réglée pour autant. Après s'être enquis de nos habitudes (— A quelle heure dînez-vous ? Recevez-vous beaucoup d'invités ? Le téléphone sonne-t-il souvent ? Madame fait-elle elle-même la cuisine ?), elle demanda à visiter l'appartement. Cet intérêt porté au cadre de ses futurs exploits nous parut de bon augure. Je fis le guide. Elle apprécia l'ordonnance de la cuisine, fit deux ou trois observations fort justes sur l'ameublement et conseilla au passage, avec beaucoup de bonne grâce, quelques améliorations. Le mari et les trois enfants ne disaient rien. Ce dont je leur sus gré, car, ayant ouvert plusieurs placards mal rangés, ils s'abstinrent d'en faire la remarque.

Au moment de prendre congé, celle que nous considérions déjà comme notre auxiliaire dévouée s'enquit de son logement. Incroyable lacune ! J'ose à peine l'avouer : nous n'en avions pas parlé. . . C'est dire si les idées générales nous avaient égarés. Nous montâmes au sixième étage. Un coup d'œil lui suffit :

— Jamais Georges (c'était son mari) et les enfants ne tiendront là-dedans…A moins, reprit-elle, comme frappée d'une idée subite, que le divan du salon, en bas…

Je proposai timidement de louer plutôt une chambre voisine, depuis longtemps inoccupée. On la meublerait pour les enfants. L'aîné — qui avait bien trente ans — ouvrit alors la bouche pour la première fois :

— Ça me va, dit-il.

Nous respirâmes. Restait le problème de la voiture. La bonne avait également une auto. Pas très récente, mais amoureusement entretenue. Il fallait un garage. Le nôtre était déjà garni. Soucieux de ménager les susceptibilités du personnel sans tomber dans la basse démagogie, je promis de céder le garage trois jours sur sept. Ainsi, je conservais l'avantage...

C'est sur le palier que tout se gâta vraiment.

— Je dois aussi vous prévenir que nous avons un chien, dit elle. C'est un berger allemand.

Quand on aime les animaux, cette dilection doit nécessairement s'étendre à ceux des autres. Nous prendrions le chien avec le mari, les trois enfants, les deux après-midi hebdomadaires de congé et la voiture. En prime. Hélas! pas question d'en être quitte à si bon compte, car elle ajouta très vite:

— Il a horreur des enfants... J'espère que vous n'en avez pas...

A regret, nous avouâmes notre erreur: une fille, aujourd'hui âgée de huit ans. La famille visiteuse parut consternée. Ne pouvait-on éloigner l'enfant? La placer comme pensionnaire en province? Ou la loger ailleurs? Décidément non. Notre amour des bêtes et des bonnes trébucha définitivement sur le dernier obstacle.

Nous avons gardé notre fille. Nous cherchons toujours une bonne. De préférence célibataire, sans voiture et sans chien.

PHILIPPE BOUVARD

La bonne en question lit dans un journal l'annonce suivante:

B. A. TOUT F. Même ne parl. pas français. BUF 75-11. Elle téléphone au numéro indiqué: racontez la conversation qui s'ensuit avec la dame de la maison.

10. Les guides des familles

Dans mon quartier, nous venons tous de la province. La race des Geneviève saintes et résolues s'étant éteinte, où Attila a échoué nous avons réussi : nous campons à l'intérieur de la capitale.

Nous avons laissé à l'ombre d'une préfecture, près d'un champ où les labours sont difficiles, des parents et des amis auxquels tient notre cœur. Nous les prions de pardonner notre fuite et, comme ils n'ont pas de rancune, ils acceptent de temps à autre de passer à Paris un dimanche ou une fête carillonnée. L'enfant prodigue leur sert du sauté de veau, prend des nouvelles du pays, regrette de n'y être plus. Et, pour éblouir ses invités, les entraîne dans une visite de « Paris et ses trésors ». Dans chaque appartement, il y a un guide qui se réveille lorsque la marée des cousins de province bat les rivages de nos salons.

Nous avons nos spécialités. Ainsi le Louvre pour l'un de mes voisins. Au retour du service militaire, il avait choisi de prospérer dans le commerce des primeurs alors qu'il maniait agréablement le pinceau. Si d'aventure une baisse sur la laitue coïncide avec une hausse sur le Cézanne, il a des regrets. Et c'est sa seule et dernière façon de sacrifier à l'art que de traîner devant la Joconde tous ceux qui lui arrivent avec des billets de week-end. La dame de M. Vinci sait chaque fois le remercier d'un petit sourire entendu.

Ma voisine de palier, qui a la sainte passion des cierges, profite de la venue de ses neveux de Carcassonne pour faire un pèlerinage dans les sanctuaires réputés. Cela commence à Notre-Dame et finit au sommet du Sacré-Cœur. Une fois, entre Saint-Eustache et la Madeleine, un des neveux manifesta le désir d'une halte aux Folies-Bergère. Le malheureux n'a pas revu sa tante ni Paris depuis cinq ans.

Et je sais d'autres habitants du quartier qui emmènent

24

leurs parents du terroir de préférence au Musée d'Art moderne. Là, devant les œuvres les plus fantasques, les plus absconses, ils répètent simplement : « C'est beau! Ah! comme c'est juste! », ce qui plonge les leurs dans un étonnement douloureux et leur donne brusquement à penser qu'ils ont cinquante ans de retard sur le cousin de la capitale. Et d'autres encore qui gravissent en ascenseur la tour Eiffel, serrés contre des familles qui ont l'accent du Pas-de-Calais ou du Gers, et qui considèrent qu'il est bon parfois, lorsque le ciel est clair, de prendre de la hauteur, non seulement avec les choses, mais aussi et surtout avec les problèmes.

Quant à moi, je fus longtemps un guide sûr du musée Grévin.[1] Une tante déposée un soir par le « Mistral[2] » et que je conviai par hasard à une visite des personnages de cire fut saisie d'effroi et de pitié devant la scène représentant la « solitude de Louis XVII au Temple ». Rentrée au pays, elle sut décrire avec tant de mots douloureux et d'adjectifs bouleversants le dauphin couché sur une planche, le visage offert à la fatalité, les yeux noyés d'innocence, le front pâle, et près de son grabat deux rats hideux dévorant une nourriture, que la famille gagnée par l'émotion, soulevée de colère, à peine débarquée à la gare de Lyon, me demandait si le dauphin était toujours enfermé au Temple et, comme je répondais par l'affirmative, m'intimait l'ordre de l'y conduire le plus tôt possible. Ainsi j'allais cinq ou six fois l'an au Musée Grévin. Louis XVII est une des personnes que je connais le mieux à Paris et je n'ai pas hésité, lors d'un Noël en famille, à l'appeler « notre pauvre cousin Louis XVII ». Une jeune nièce a sangloté.

Puis, l'année dernière, cette même tante qui fit la fortune du musée Grévin et que les progrès de l'aviation tourmentaient me demanda de l'emmener visiter la nouvelle aérogare d'Orly. Comme pour tout le monde, les portes s'ouvrirent automatiquement devant elle. Cette politesse inattendue la réconcilia avec les temps modernes. Et rentrée dans nos campagnes, elle sut décrire avec tant de mots ronflants et d'adjectifs majestueux l'envol sous son nez des Caravelle, la descente des Boeing, que maintenant, parents et amis, gagnés par la vitesse, soulevés d'audace, me prient de les guider à Orly sitôt arrivés à Paris par la route ou le chemin de fer. Quoique je ne prenne jamais l'avion, on me rencontre dans l'aérogare deux ou trois fois chaque trimestre. Je passe pour un grand voyageur. Des hôtesses de l'air me saluent. A force, j'ai moi-même l'impression de revenir d'un autre continent. Et, harassé, je regagne mon logis en savourant à l'avance les plaisirs de la vie sédentaire enfin retrouvée.

BERNARD PIVOT

¹ le Musée Grévin — museum of waxworks.
² le Mistral—Nice-Paris express.

1. Vous faites visiter la capitale (ou la ville que vous habitez) à des parents venus de la province. Racontez ce que vous leur dites en tant que guide.

2. Expliquez: « La dame de M. Vinci sait chaque fois le remercier d'un petit sourire entendu.»

11. Une collection de haute couture

L'homme est épais, râblé, puissant. Fait pour vivre dehors, jeter des ponts, creuser des tunnels. Que fait-il? Il est couturier. Sagement il coud, il ourle, il pousse l'aiguille et tire le fil.

— Savez-vous coudre, monsieur Balmain?

M. Balmain ne répond pas, absorbé par son travail. Il crée.

Dans quelques heures, en cette fin de juillet 62, va être présentée la collection d'hiver. Chez Balmain, chez Dior et dans une dizaine d'autres maisons la fièvre est à son maximum. Encore quelques instants et cette somme de travail, cette masse écrasante de créations va se présenter devant son juge, devant le public; disons, devant son public. Cela sera le succès, l'échec, une nouvelle saison à préparer ou la faillite.

La haute couture, tout le monde le sait, tout le monde le dit, c'est une activité française et essentiellement parisienne. A l'étranger, quand on imagine la France, on ne voit que la haute couture. Pour l'étranger la France, c'est quelques vins, quelques fromages et la mode de Paris. C'est dommage, mais c'est ainsi. Mais alors la mode, qu'est-ce que c'est? La haute couture, une collection Balmain, qu'est-ce que c'est?

La haute couture française existe parce qu'il y a des hommes qui portent en eux le besoin de dessiner des robes et de les faire exécuter. Quand ces hommes ont assez de personnalité ils créent, non une mode, mais ils donnent une forme vivante à l'élégance et font déboucher le théâtre à même les places publiques et les boulevards.

La maison Balmain, au coin de la rue François-1er et de la rue Marbeuf, cela représente six cents personnes qui, du portier à la dernière arpète, ont préparé la collection.

Depuis un mois, toute la maison: l'état-major avec Pierre Balmain en tête, les ateliers, le service de presse, l'administration, ne pense qu'à une chose, ne fait qu'une chose, ne vit que dans un but: la collection.

Le 24 juillet, à 15 heures, le spectacle a commencé. Le premier modèle a jailli dans le grand salon. Il a fait six pas, demi-tour. Il est revenu. Trois cents spectateurs des yeux ont cherché les défauts, la chute, la fatigue dans la création et n'ont trouvé rien à dire. Subjugués, ils ont applaudi.

En un mois, cinq semaines, il a fallu créer de cent quatre-vingts à deux cents modèles. Choisir les tissus, les couleurs, trouver des lignes, faire exécuter chaque création, faire les essayages, les reprendre, détruire une robe, recommencer dix, quinze fois avant que la robe ne soit baptisée et acceptée.

— C'est ici que je travaille, c'est le studio, si vous voulez le centre de la maison. J'ai des collaborateurs, des coupeurs, des essayeurs, de magnifiques spécialistes, mais chez moi, chez Balmain, tous les modèles, tous, sont créés par moi. Pour la collection d'hiver 63, il va y avoir à peu près cent quatre-vingts modèles. Mais attention, une collection ne peut réussir que si elle est une œuvre collective. Il faut que chacun s'y donne avec passion. La robe, c'est ma création, mais l'ouvrière qui la coupe, qui va interpréter ce que j'ai voulu, dira : « Ma robe. » Dans « ma robe » il y aura tout l'amour de son travail. En haute couture, c'est tout ceci qui est très important. En général le public ne se rend pas compte de ce que nous faisons.

« La haute couture parisienne est un paradoxe. Nous travaillons au rythme des grandes usines, mais nous faisons un travail entièrement artisanal. Il est possible que nous soyons un anachronisme. Il est possible aujourd'hui de couper une soixantaine de robes en une seule fois. Nous n'en coupons qu'une à la fois. On peut coudre à la machine ; nous cousons à la main. Il n'y a là aucun parti pris. Ce sont les raisons mêmes de la haute couture. Ce que je vous explique est valable chez moi, mais on peut aussi avoir d'autres méthodes de travail et d'autres idées sur la haute couture.

« Pour préparer la collection, je fais évidemment des dessins ; ça peut aller jusqu'à trois cents dessins. Dès que je sens ou que je vois ce que je veux faire, je le dessine. Tout se précise, prend corps, je vois les couleurs. Quand je suis content, le dessin est fini.

« Ce dessin, on peut le donner à des collaborateurs qui vont l'exécuter. C'est exactement ce qui se passe au théâtre: vous dessinez un costume, on l'exécute.

« En haute couture, c'est seulement lorsque le dessin est terminé que tout commence. Je fais venir le mannequin et je prends le tissu. Le dessin n'est donc pas une idée, un projet. C'est un mouvement. Mais en tant que couturier j'ai à habiller une femme avec du tissu, une femme qui va vivre dans la vie et cela ce sont des réalités. Cette femme, elle va aller à des réceptions, elle va recevoir chez elle. A 16 heures, elle pourra vouloir être une bourgeoise parisienne, mais le soir elle voudra être dans un autre esprit. C'est à nous, les couturiers, à habiller ce rêve.

« C'est cela la mode: prendre de la vie et la restituer à un niveau supérieur. On ne crée pas, on n'impose pas de mode, on prend ce qui est dans l'air. Et quand vous avez des collaborateurs et qu'ils travaillent avec vous, alors on crée une collection.

« A Paris, aucun couturier ne fait de la haute couture pour faire marcher une industrie. On le fait pour satisfaire, pour habiller telle ou telle femme, telle ou telle cliente précise. Habiller une femme parfaitement, cela ne peut être fait que si l'on coupe à la main, l'on coud à la main et que l'on essaye cinq, trente fois, jusqu'à ce que ce soit parfait.

« Chez moi et chez les autres couturiers parisiens, le travail se fait exactement comme au temps de Marie-Antoinette. Tout est assemblé, cousu, brodé, repris, défait, refait à la main. »

La collection, les cent quatre-vingts modèles ont été créés et exécutés en un mois par dix ateliers: ateliers de flou, ateliers de tailleurs. Ateliers de flou, qui fabriquent les robes légères ou les robes pesantes; ateliers de tailleurs, où se fait tout le reste. Les ateliers ont de trente à quarante ouvrières: petites mains, secondes mains, premières qualifiées, secondes d'ateliers et enfin la première. Toutes ces ouvrières coupent, cousent, incrustent, font bouffer les tissus et lentement mettent au jour une fragile beauté que leurs doigts caressent.

Dix ateliers, trois cent cinquante ouvrières, cent quatre-vingts modèles à coudre. Pour une robe de bal, il faut compter cent cinquante heures de travail. Elles seront là pendant cent cinquante heures, la première, assistée de sa petite main, pendant cent cinquante heures elles vont coudre et découdre. On viendra chercher la robe, un mannequin l'essaiera, marchera, tournera devant Pierre Balmain. Celui-ci, sortant d'un rêve pour entrer dans un autre, enlèvera une fioriture, arrachera, répinglera. La robe retournera à l'atelier, la première donnera une indication, l'équipe se remettra au travail. Cent cinquante heures pour une robe du soir, soixante-quinze pour une robe plus simple.

Une collection réussie, cela représente en moyenne une dizaine d'exemplaires de chaque modèle. Une collection, cela représente donc à peu près deux mille robes exécutées par les ateliers.

Deux mille robes, cela représente dix mille mètres de tissu. Une des raisons de réussite de la haute couture française est la libéralité des usines de textiles. Pour chaque collection elles envoient quatre, cinq mille mètres de tissus à condition aux grands couturiers parisiens. Ceux-ci ont ainsi un choix et ne payent que ce qu'ils utilisent. Cette façon de travailler est inconcevable dans les autres pays.

PIERRE FISSON

1. Travail individuel et fabrication en série.

2. « Pour l'étranger la France, c'est quelques vins, quelques fromages et la mode de Paris. C'est dommage, mais c'est ainsi. » Et pour l'étranger la Grande-Bretagne, c'est... ?

Sport and Leisure

— *Oh! Toi et ton dernier bain!*

12. Un bon bol d'air

Le samedi matin: arrivée. La maison est adorable: on dirait une cabane de contes de fées. Malheureusement, à peine le portail ouvert, la vérité cruelle se fait jour. La gardienne qui devait tout préparer pour votre arrivée n'est pas là. Elle s'est enfuie avec le beau-frère de l'épicier. C'est un vrai spectacle de désolation. Les meubles sont sous housses dans les coins. L'hiver a tellement été humide que des champignons ont poussé sur les portes et que des auréoles apparaissent aux plafonds. Le plâtrier est bien venu essayer de réparer les dégâts, mais il a collé du plâtre exclusivement sur les boutons de porte et dans l'évier (qui est bouché). Quant aux provisions, elles ont dû s'enfuir avec la gardienne et le beau-frère de l'épicier: il ne reste plus trace d'une boîte de conserves. Pour se remettre on décide d'aller déjeuner au « bon » restaurant des environs. Bien sûr, la politesse veut que ce soit votre mari qui paie l'addition. Le montant vous aurait permis de passer un week-end sur la Côte d'Azur. Qu'importe, un bon bol d'air vaut tous les sacrifices.

Le samedi après-midi: nettoyage. Vous ne vous étiez jamais doutée qu'une toute petite cabane, aux environs de Paris, pouvait donner un tel travail. Epoussetage, lessivage, récurage. Vous n'osez imaginer la tête de votre femme de ménage si elle vous voyait trimer de cette façon alors qu'à la maison vous ne lavez jamais une fourchette. Votre seule consolation est de constater que votre mari est dans le même cas: il transporte du bois et déplace des armoires, ce qu'il refuse de faire à la maison.

La nuit de samedi à dimanche: insomnie. La chambre d'amis est aménagée dans un « ravissant » vieux grenier à poutres. Sur une des poutres, il y a une araignée. Or l'araignée est la seule bête au monde dont vous ne supportez pas la vue. Vous poussez un hurlement strident. Vos amis s'élancent dans l'escalier. Au nom du ciel! Que se passe-t-il? Votre mari les rassure. Ce n'est qu'une petite araignée. Mais lorsqu'ils sont redescendus, vous tirez le lit au milieu de la pièce pour éviter que la sale bête ne tombe sur vous au milieu de la nuit. Blottis dans le lit, au centre d'un grenier immense, vous ressemblez, votre mari et vous, à deux naufragés sur une mer hostile. Alors que vous étiez venue là pour profiter d'un bon sommeil campagnard et réparateur (dans le cadre de l'opération bol d'air) voilà que l'insomnie vous ronge. Les heures passent. Les oreillers, qui ne sont plus soutenus par le mur, tombent par terre.

Ensuite les coqs chantent. Il est inouï de constater à quel point les coqs des environs de Paris sont fantaisistes et chantent n'importe quand.

Le dimanche matin: jardinage. Dès votre réveil, vous décidez de vous livrer aux joies du jardinage. Vous vous arrêtez lorsque vos amis vous font comprendre qu'au lieu d'arracher les mauvaises herbes, vous dépiquez tous les jeunes pieds de bégonias qu'ils ont achetés une fortune chez Vilmorin. Vous les soupçonnez d'avoir caché la tondeuse pour vous empêcher de tondre la pelouse. Tant pis... Du reste, vous commencez à avoir un tour de reins, et la cuisinière vous réclame. Pendant que vous épluchez les légumes du déjeuner, les hommes montent un « barbecue » dans le fond du jardin. Ce barbecue est un appareil barbare composé de tiges de métal qui refusent sérieusement de s'aménager entre elles. Après avoir pris les formes les plus inattendues, depuis celle de la tour Eiffel à celle du pont de la rivière Kawaï, le barbecue finit par s'effondrer sur le gazon.

Le dimanche après-midi : promenade. Quelqu'un (on ne saura jamais qui) propose d'aller faire un petit tour en forêt. Suggestion adoptée à l'unanimité. Départ dans l'enthousiasme, à la queue leu leu. Malheureusement, deux heures plus tard, il apparaît que les arbres de cette satanée forêt portent tous la même entaille et que vous êtes perdus.

Le dimanche soir: retour. Il faut faire les valises, ranger, lessiver, récurer, boucler. Vous titubez de fatigue. Le retour se passe dans un morne silence. Par politesse, vous essayez d'expliquer: « C'est le bol d'air qui m'abrutit. » Mais votre pauvre sourire ne trompe personne. Rentrée chez vous, vous vous couchez avec une bonne aspirine et un roman policier. Rien ne vaut l'air de Paris.

1. L'attrait de la campagne pour les citadins.

2. Avez-vous eu des expériences semblables à celles qui sont racontées dans cet extrait?

13. Campeurs et caravaniers

Depuis le début de juillet, les terrains de camping se couvrent, chaque jour davantage, de tentes multicolores et de très nombreuses caravanes sillonnent les routes.

Un nombre plus grand de campeurs que pour l'année précédente sont au rendez-vous des grandes vacances.

...Les campeurs s'aventurent de plus en plus loin...

Il est beaucoup trop tôt, bien sûr, pour établir des statistiques et tirer des conclusions, mais on peut, d'ores et déjà, déterminer la physionomie générale de cette saison de camping 1962, qui, en dépit d'un temps moyen, a pris un très bon départ.

Elle se caractérise avant tout par une augmentation très nette de la proportion des caravaniers par rapport à la totalité des campeurs.

Pour la majorité des vacanciers, qui logent sous la toile ou dans des maisons sur roues, le camping est, surtout, une forme pratique du tourisme familial, qui permet de se déplacer sans soucis des horaires fixes et des réservations de chambres. Ils recherchent la sécurité et le confort et s'installent de préférence sur les terrains aménagés.

Le nombre de ces camps augmente heureusement chaque année, mais, cet été encore, il n'est pas suffisant pour faire face à la très grande affluence de campeurs français et étrangers. Ceux-ci se rendent de préférence sur les côtes, et surtout sur les côtes sud. Aussi, un encombrement excessif menace-t-il, plus que jamais, les terrains de la côte d'Azur et de la côte basque. Une partie des campeurs peuvent, afin de trouver des conditions de séjour parfaitement satisfaisantes, s'établir à quelques kilomètres à l'intérieur des terres. C'est là une solution qui leur permet de jouir de calme et de repos pendant leurs vacances et de profiter en même temps des plaisirs de la plage.

Cependant, une minorité pour qui le camping demeure, avant tout, un moyen de reprendre contact avec la nature, auront encore choisi, cet été, de pratiquer le camping sauvage. Comme on le sait, le camping est libre partout en France et n'est limité que par des interdictions exceptionnelles destinées à protéger, par exemple, des sites classés. Les interdictions municipales provisoires doivent être obligatoirement signalées. Il suffit donc à l'adepte du camping sauvage de s'assurer de l'autorisation du propriétaire ou de la municipalité pour planter sa tente ou faire stationner sa caravane où bon lui semble. En forêt domaniale, la licence de camping de la F.F.C.C. est obligatoire.

Chaque année, les campeurs s'aventurent de plus en plus loin avec leur tente ou leur caravane. Certains n'hésitent pas à traverser plusieurs frontières. A ceux d'entre eux qui possèdent une caravane, le guide « Europe-Caravaning », édité pour la première fois, peut offrir des renseignements précieux sur les terrains européens bien aménagés.

Enfin, à ceux qui s'apprêtent, à leur tour, à prendre la route des vacances, rappelons que le Guide officiel de la Fédération Française de Camping et de Caravaning, le guide Susse, le guide camping Michelin et les guides du T.C.F.[1] sont d'une très grande utilité dans le choix d'un camping en France.

[1] T.C.F.—Touring Club de France.

(Voir l'extrait suivant)

14. *Vacances de toile*

C'est la dernière, ou la première maison du hameau. Un peu plus loin la route fait un coude et l'on aperçoit une prairie, puis un massif d'arbres à la lisière duquel une automobile, une remorque et une vaste tente signalent des voyageurs de plein air. L'air est léger, celui d'un beau jour qui commence. Soyons, une fois de plus, ce témoin peu pressé qui se sera si souvent arrêté devant la vie quotidienne. La maison est une auberge de village avec deux tables en terrasse et un banc de bois (l'arrêt du car): six kilomètres plus loin cette « départementale » rejoint la « nationale »; respirons un peu avant la hâte...

Est-ce la fin des vacances? Rentrent-ils chez eux, ces Parisiens? Ont-ils passé là leurs loisirs d'été, adossés à ce petit bois, avec le village sous la main pour les « commissions »? ... Ou bien est-ce leur halte d'une ou deux nuits? A présent ils vont partir. Je le vois car ils ont commencé de démonter leur tente qui est rectangulaire et solidement maintenue au sol, travail qu'ils accomplissent, le père et le fils, avec une minutieuse habileté. Ils n'en sont certes pas à leur premier campement: ils n'ont pas attendu 1962, l'année des caravanes, celle des flammes dans le Midi et des orages sur la Manche pour devenir des campeurs organisés. Mais le sont-ils solitairement, ce que je comprends qu'on soit, ou bien sont-ils de ces concentrationnaires qui acceptent la vie des camps, ses disciplines et ses promiscuités ? Il y a là deux formes de loisirs et deux tendances de caractère. L'une est une évasion, l'autre un encaquement. La première seule se nuance au vieux romantisme de la route, de ses bohémiens et des « gens du voyage »—en marge de la société bourgeoise. Pour s'être engagé durant sa jeunesse dans une troupe de nomades, Jean Richepin fit une espèce de scandale dont Bourget, son camarade du quartier Latin, me parlait jadis avec une indulgence horrifiée. Richepin n'avait d'ailleurs passé que deux ou trois jours et nuits avec ses romanichels ; mais la légende en avait bronzé son visage et le souvenir lui avait inspiré *Le Chemineau*, cinq actes, dont deux vers chaque soir déchainaient les foules :

> *Je pense aux blés coupés qui ne sont pas les nôtres,*
> *Et dont les épis mûrs font du pain pour les autres...*

Aujourd'hui, les coureurs de route, en caravanes de luxe et tentes imperméables, ont d'autres pensées...

Peu à peu, sous mes yeux, la chambre de toile se défaisait. Une jeune fille était apparue, fraîche comme le matin, qui rangeait les ustensiles d'un petit déjeuner servi sur une table pliante. Des boîtes métalliques, des bouteilles à bouchon vissé (les Anglais n'ont pas mieux quand ils déjeunent dans leur voiture, avant le derby d'Epsom), des tasses : rien ne manquait à ce jeu de la vie au grand air, favorisé ce matin par la pureté du ciel et le soleil. Deux matelas pneumatiques furent, après leurs longs soupirs, pliés comme des serviettes. J'assistais vraiment au départ du cirque et la remorque, ouverte, en absorbait l'un après l'autre tous les éléments. Si j'avais été plus que curieux, ou si ç'avait été

mon métier d'interroger, j'aurais été poser quelques
questions aux voyageurs: étaient-ils contents de leur été?
N'avaient-ils pas eu froid la nuit? La solitude ne leur avait-
elle pas parfois paru rigoureuse? Il me semble qu'il y avait
tant à demander que c'eût été indiscret de le faire... Je me
renseignai auprès de la fille de l'auberge: — Il y a longtemps
qu'ils sont là?... — Qui ça? — Les voyageurs qui partent. —
Ah! j'sais pas! — Comment? vous ne savez pas?... Mais
voyons... — J'avais pas remarqué...

Il n'y avait rien à en tirer... Elle était idiote... Je con-
tinuais à regarder cette petite famille achever ses vacances.
C'est alors qu'il s'accomplit une coïncidence: la jeune fille se
pencha près d'un arbre pour y prendre quelque chose que
je n'avais pas vu: la cage d'un oiseau. C'était peut-être
l'oiseau qui avait décidé un jour cette famille à prendre ses
vacances en plein air. « On pourra emmener l'oiseau de
Juliette! » L'oiseau qui aura passé ses vacances au bord des
arbres et qui devenait sous mes yeux, à l'heure du départ, la
suprême figure du ballet.

GUERMANTES

1. Pourquoi le camping est-il devenu si populaire? Quelles
en sont les conséquences pour les régions où l'on a aménagé
des terrains de camping?

2. Expliquez les réflexions que provoque dans l'esprit de
l'auteur le départ des Parisiens.

15. Avant la finale...

Record d'affluence et record de recette battus: telles sont
les prévisions pour la finale du championnat de France de
rugby, qui se déroulera demain après-midi au Stadium

municipal de Toulouse. Le comité des Pyrénées, qui a cependant une longue habitude d'organiser cette fête nationale du rugby, se demande si cette fois — bien qu'il ait pris le soin d'utiliser au maximum la capacité du Stadium — l'important service d'ordre ne sera pas débordé par ceux qui, n'ayant pu se procurer de billets, viendront tout de même tenter aux portes de l'arène un ultime recours.

Dans cette région, où le ton s'échauffe vite et où le rugby est un bouillant sujet de discussions passionnées, il n'y aura pas que les « voisins » de Béziers et d'Agen qui, pour stimuler l'équipe de leur clocher, allumeront les pétards avant même que le tournoi soit ouvert.

A 200 kilomètres à la ronde, dans ce fief du ballon ovale, nul ne saurait se désintéresser de cette finale et, de plus, ne pas prendre le parti — pour une raison quelconque, voire sans raison — du camp languedocien ou du camp agenais.

Cette foule, n'en doutons pas, sera agitée de mouvements houleux, secouée de courants contraires, selon que l'avantage alternera : les flots de la colère menaceront souvent de l'entraîner. Puisse-t-elle ne pas céder à leurs assauts.

Certes, l'ultime rencontre de la compétition nationale de rugby ne se conçoit pas — sauf pour ces « étrangers » du nord de la Loire... et encore! — sans cette brûlante ambiance. Certes, il est vain de proposer à ceux qui la disputent de mener les débats avec un calme olympien, alors qu'ils ont les nerfs à fleur de peau. Certes, il est inutile de vouloir les persuader qu'ils s'exagèrent l'importance du résultat et que, les lampions éteints, vainqueurs et vaincus s'en rendront parfaitement compte.

Tous diront qu'ils ne sont pas là pour « faire du cinéma ». Il n'en reste pas moins que les implacables caméras de la Télévision vont fouiller leurs moindres actions, leurs plus fugaces réactions, et que leurs gestes, dénués de tout fard — la transmission est « en direct » — vont être suivis par des millions d'yeux fixés sur le petit écran.

Cela, qu'ils l'acceptent ou non, leur impose une responsabilité: celle de ne pas attirer sur le rugby français — dont ils peuvent se targuer, ayant accédé, à cette finale, d'être actuellement les plus notables représentants — le mépris de ce vaste public que la télévision a gagné à la cause de ce sport magnifique. Ce mépris, ils le susciteront s'ils offrent le spectacle lamentable de bagarres, d'actes concertés de brutalités indignes non seulement d'un sportif, mais simplement d'un homme.

La tactique qu'ils appliqueront est affaire entre eux et leurs conseillers: tant mieux pour la foule du Stadium et pour les téléspectateurs si elle fait une assez large part au jeu de mouvement, mais on ne peut que le souhaiter. Si le débat se résout à une âpre lutte entre les avants, si la consigne est donnée de serrer la défense et de renoncer à toute entreprise aventureuse, le spectacle pour beaucoup sera sans doute lassant, mais il aura encore sa grandeur. L'important est que la basse violence et la lâcheté en soient bannies.

MAURICE CAPELLE

(*Voir l'extrait suivant.*)

———————

1. L'importance des sports est-elle exagérée?

2. Analysez ce qui, selon l'auteur, serait à craindre lors de la rencontre des deux équipes.

16.   Et après...

Le plus difficile metteur en scène n'aurait sans doute pas rêvé plus parfait décor que celui qui a présidé à cette étonnante fête du rugby à Toulouse. Cela a commencé ce matin à 7 heures avec l'arrivée des avant-gardes de Biterrois et d'Agenais qui, à l'aide de tout ce qui est susceptible de faire du vacarme sonnèrent la diane aux autochtones. D'heure en heure le tintamarre s'enfla, la cohue s'épaissit tandis que grossissait la cohorte bleu marine et rouge (les couleurs de l'A.S. Biterroise) et les cohortes bleu clair et blanc (celles du S.U. Agenais).

Trêve pour le déjeuner : assaut des restaurants, des boulangeries, des charcuteries et des marchands de boissons. Juste le temps de reprendre des forces et de se refaire la voix afin d'être fin prêt dès l'occupation des moindres recoins du Stadium municipal pour accueillir l'entrée des acteurs de cette finale du championnat de France 1962 de rugby.

Quelques pétards, quelques cavalcades de porteurs de banderoles sur la pelouse, un lâcher de ballons bleu et blanc préludèrent à cette entrée et lorsque M. Gombeau — dont il sied en passant de signaler l'excellent arbitrage — siffla le « laisser-courre », le concert de cris, de trompes, de crécelles commença qui ne devait s'atténuer que bien après la fin de la partie et dont les derniers échos se firent encore entendre la nuit tombée dans les grandes artères de la ville.

Le plus étonnant peut-être, c'est que le match — la pièce principale de la fête — fut exactement au diapason de l'effervescence qui l'entoura. Ce fut un débat haut en couleur et d'une rare intensité. Les quarante mille spectateurs y trouvèrent leur plein d'émotion et il n'y eut pas un seul instant de creux durant ces quatre-vingts minutes d'une lutte dont l'âpreté ne dépassa heureusement qu'à de très brefs moments les limites de la loyauté sportive, M. Gombeau ayant l'habileté suprême de prévoir pour mieux gouverner.

Cette victoire, dont la première mi-temps semblait leur interdire l'accès, les joueurs agenais, misant sur l'atout de leurs plus jeunes forces pour dérouter l'expérience et la puissance de leurs adversaires, allaient finalement la conquérir. Conscient de la supériorité manœuvrière et de la plus grande ardeur de ses lignes arrière, le capitaine Pierre Lacroix permit toutes les audaces. Ce fut ainsi pendant trente-cinq minutes une incessante série d'offensives doublées, redoublées, visant sur la droite, revenant à coups de pied ou d'une série de passes sur la gauche, pour reprendre encore une nouvelle transversale. Le stade croula sous les hurlements des gens debout... et les joueurs de Béziers, en dépit des exhortations de Danos, couraient affolés, pataugeant dans cette sarabande dont ils ne pouvaient plus suivre le rythme.

Deux équipes dignes de cette fête du rugby...une étonnante finale...un match passionnant... une bien belle victoire pour Agen...

MAURICE CAPELLE

1. L'ambiance et l'atmosphère des grandes finales.

2. « Trève pour le déjeuner. » Racontez comment les Biterrois et les Agenais ont dû en profiter.

17. L'âge d'or de la 'station-service'

Cannes, 13 juillet.

Depuis dix jours que je suis ici, j'ai beau ouvrir tout grand les yeux à perte de vue, je ne distingue qu'une vaste marée humaine. Que ce soit sur les routes ou sur les plages, la densité de fréquentation ne m'avait jamais suggéré d'autre inquiétude que celle de savoir si je serais à l'heure à Nice ou à Saint-Tropez. Or, il paraît qu'en matière de grand tourisme, les stations françaises ont des coquetteries de jolie femme. Le mal peut être profond : un observateur profane ne le décèle pas.

Pourtant, je peux l'avouer maintenant, la Côte d'Azur est, cette année, bordée d'un côté par la mer et de l'autre par le mur des lamentations. Impossible d'interroger un commerçant, de Bandol au Cap d'Ail, sans recueillir ses doléances. Rien ne va plus : les hôtels ne sont complets que sur le papier, mais chaque jour des réservations — notamment celles de clients étrangers — tombent. Côté restaurants, les perspectives ne sont guère plus engageantes : au fur et à mesure que le nombre des pique-niqueurs augmente, des dizaines de nouveaux établissements ne cessent de s'ouvrir.

Donc, l'affluence ne constitue ici qu'un simulacre de bonne santé. Ce n'est pas tant la fréquentation de la Côte qui est en cause que les réflexes économiques du visiteur moyen. Ce dernier paraît rechercher encore plus frénétiquement que le reste de l'année les bistrots pas chers à l'intérieur des terres et des distractions simples à base de promenades. Je remarque, en passant, que les seuls qui ne se plaignent pas sont les préposés des stations-service : le budget des vacances est toujours le même, mais on l'emploie différemment et ce qu'on ne donne plus à l'hôtellerie traditionnelle ou aux restaurants de luxe, on le dépense allègrement en carburant. Le Français s'en va, en effet, plus volontiers au-delà des frontières. Les facilités de change l'attirent, autant que le soleil. Et comme dans certains pays on est en mesure de lui proposer les deux... D'autre part, les étrangers, influencés par certains comptes rendus tendancieux parus dans leur presse locale et leur représentant la France comme un vaste « no man's land » semé de mitraillettes et de barbelés,[1] renoncent à leur séjour annuel.

Enfin, et je crois que c'est psychologiquement le changement le plus important: encouragé par les lois sociales, le Français prend de plus en plus de vacances avec l'intention bien arrêtée de dépenser à peine plus d'argent que durant le reste de l'année. L'âge d'or où les hôteliers surmenés faisaient valser en quinze jours les laborieuses économies réalisées durant onze mois et demi paraît révolu.

Bien sûr, passé le cap du 14 juillet, la bonne humeur risque de revenir. On le souhaite. Mais j'ai quand même trouvé déjà le moyen de faire sourire certains commerçants autochtones. En leur parlant de l'étalement des vacances...

PHILIPPE BOUVARD

[1] Allusion aux mesures prises contre les attentats organisés par l'O.A.S. d'Algérie. (Organisation de l'Armée Secrète.)

En France, comme en Angleterre, « L'âge d'or des hôteliers... paraît révolu ». Essayez d'expliquer ce changement dans les habitudes des vacanciers.

18. La France en congé

L'institut national de la statistique a publié une étude sur les vacances des Français l'an dernier, mais qui s'applique, avec peu de variations, aux trois dernières années et qui doit normalement s'appliquer aussi à l'année 1962.

Pour les séjours principaux, l'attrait de la mer et de la

campagne est à peu près identique: 28% des vacanciers pour l'un et pour l'autre; la montagne vient ensuite (12 pour cent) puis les villes d'eaux; enfin les circuits touristiques. Pour les séjours secondaires ou de courte durée, la campagne l'emporte. En chiffre rond, la moitié des Français âgés de plus de 14 ans part en vacances.

Par catégories professionnelles, on compte que 86% des professions libérales vont en vacances, 73% des cadres moyens, 42% des cadres de maîtrise, 37% des patrons de commerce et d'industrie. Ce sont les agriculteurs qui prennent le moins de vacances.

En dehors des catégories professionnelles, et si nous envisageons les départs par régions, c'est évidemment la région parisienne qui connaît le plus grand nombre de départs, ainsi que les grandes villes. Les vacances sont là un besoin.

La durée du séjour est en moyenne de 19,6 jours: elle est exactement de 19,9 pour ceux qui passent leurs vacances en France et de 17,2 pour ceux qui les passent à l'étranger.

Ajoutons en passant, pour ces derniers, que, comme nous l'avons déjà indiqué, les pays étrangers les plus visités par nos compatriotes sont, dans l'ordre: l'Italie, l'Espagne et le Portugal, la Suisse, le Benelux, l'Allemagne, l'Autriche, etc.

Arrivons aux dates de départs mais, ici, sans pouvoir en tirer des indications de préférences, car des conditions de fermeture imposent des dates à 60% des ouvriers, à 48% des employés, à 45% des cadres, à 35% des cadres supérieurs et professions libérales.

Constatons donc seulement que 7% des vacanciers sont partis en juin, 23% la première quinzaine de juillet, 18% la seconde, 35% la première quinzaine d'août, le reste fin août et en septembre. On voit tout de suite que la période 1er-20 août est la plus engorgée. C'est tout le problème du fameux étalement des vacances.

Depuis deux ans, un effort est fait dans la région parisienne pour fermer certaines usines en juillet. C'est l'amorce d'un changement souhaitable. Beaucoup de personnes qui n'ont pas d'enfants d'âge scolaire pourraient partir en juin, mois agréable en général et meilleur marché.

Ces chiffres peuvent être modifiés l'an prochain selon les dates des vacances scolaires.

Enfin, quelle est la raison le plus souvent invoquée par ceux qui ne partent pas ? « Pas de congé dans la profession. » C'est le cas de beaucoup d'agriculteurs.

1. « Ce sont les agriculteurs qui prennent le moins de vacances. » Expliquez.

2. L'Angleterre ne figure pas dans la liste des pays visités par les Français. Pourquoi ?

3. Le problème de l'étalement des vacances.

The Social Scene

— *Nous venons d'Italie, où Georges a beaucoup admiré les plafonds de Tiepolo, et moi la tour de Pise...*

19. Les jeunes et la jeunesse

Il paraît que les jeunes gens d'aujourd'hui ne pensent qu'à leur plaisir, sont incapables de se donner le moindre mal pour quoi que ce soit, ne savent plus travailler, ne savent plus s'amuser, manquent complètement de fantaisie et d'originalité, n'ont plus aucun ressort, aucune imagination, qu'ils sont nés fatigués, qu'ils sont blasés avant l'âge, abrutis par les magazines, par le cinéma et par le jazz, intoxiqués d'alcool et de tabac, totalement inconscients, persuadés que tout leur est dû, d'un sans-gêne incroyable, avec un culot monstre, ne se gênant jamais pour personne, profondément égoïstes, toujours vautrés, qu'ils vivent allongés, mènent une vie idiote, n'ont plus aucune résistance, tiennent à peine sur leurs pieds, sont tous bossus, donnent une impression malsaine, sont complètement avachis, se f... de tout, n'ont plus la moindre notion du devoir, incapables de sacrifice, ne pensent qu'à l'argent, ont des exigences incroyables, trouvent normal que tout soit tout cuit, sont dépourvus de scrupules, n'ont plus aucune moralité, sont de petits profiteurs, capables de n'importe quoi, passent leur vie dans les boîtes, jettent l'argent par les fenêtres, traînent avec n'importe qui, gaspillent leurs plus belles années, ne savent pas résister à cinq minutes de plaisir, n'ont plus aucune tenue, sont complètement débraillés, vivent dans un laisser-aller total, n'ont plus aucune foi, aucun enthousiasme, aucun idéal, ne croient plus à rien, ne s'intéressent plus à rien, ne lisent plus une ligne, ne parlent même pas français, s'expriment en bafouillant, n'articulent plus, sont d'une ignorance crasseuse, pleins de prétentions avec cela, et insolents, se moquant de leurs parents, profondément mal élevés, beaucoup trop gâtés, perdus par la facilité, trouvant normal tout ce qu'on fait pour eux, incapables de dire merci, ne sachant même pas ce qu'est la reconnaissance, n'ayant plus de cœur, se moquant de tous les sentiments, impuissants à aimer, couchant comme ils boivent du whisky, se marient beaucoup trop jeunes, ne doutent de rien, se croient tout permis, ne savent pas ce qui les attend, ont la vie trop facile, auront bien des déboires, sont en réalité à plaindre...

Tout cela serait bien triste si, Dieu merci, nous n'avions pour nous consoler la jeunesse qui, elle, est toujours belle et sacrée, cette jeunesse dont on a plein la bouche et plein la plume.

Que les jeunes soient paresseux, cyniques, avachis, ignorants, mufles et crasseux semble n'altérer en rien ses éternelles qualités. Elle continue à fasciner les poètes, les vieillards et les gouvernements, les mêmes d'ailleurs qui déplorent les turpitudes des jeunes gens. C'est un phéno-mène mystérieux et qu'il faut bien admettre, puisque des gens aussi sérieux ne sauraient se tromper. C'est encore un de ces miracles français : de même que nous ne pouvons pas supporter notre voisin, mais que l'humanité en général nous fait fondre le cœur, de même que nous trouvons les Français odieux et la France admirable, il faut savoir que chez nous les jeunes gens sont haïssables et que la Jeunesse est sacrée.

FRANÇOISE PARTURIER

1. Rédigez le bilan des défauts de vos aînés.

2. Ce passage amusant cache une vérité : pouvez-vous suggérer pourquoi, par exemple, nous critiquons notre voisin tout en aimant l'humanité en général ?

20. *Pour les piétons*

Les automobilistes tuent cinq piétons par jour et en blessent quatre-vingts. Etant donné le grand nombre des automobilistes et celui, plus grand encore des piétons, la proportion peut paraître faible. On en tombe d'accord et d'autant plus volontiers que les piétons sont souvent victimes de leur imprudence imputable, soit à leur surdité, soit à leur mauvaise vue, soit à leurs mauvaises jambes, soit à leur étourderie. Mais, plus souvent encore, le responsable de l'accident est l'automobiliste écraseur.

Une association nationale, dite *Les droits du piéton*, a son siège 78, rue de l'Université, à Paris. Son programme comporte, parmi d'autres points de moindre importance, l'opposition à la réduction des trottoirs et à leurs transformation en *parkings*, à la suppression des bancs, des arbres, des lieux de repos ou de promenade, à l'insuffisance de la signalisation destinée aux passants, etc. Il ne s'agit pas de s'opposer stupidement au progrès mécanique ; il s'agit de rappeler aux pouvoirs publics le fameux adage d'Auguste Comte en le modifiant un peu : l'humanité se compose de piétons et d'automobilistes ; sont ceux-là de beaucoup les plus nombreux.

Il est à prévoir qu'ils le resteront longtemps encore. Or toute la réglementation ne vise que l'intérêt des automobilistes. Les piétons, vieillards, infirmes, malades, femmes grosses, enfants, c'est de la piétaille. Le piéton a pour lui le nombre, mais il n'a que ses deux jambes pour marcher et si, comme le disait la célèbre énigme, il en a trois à la fin de sa vie, cette troisième jambe ne le rend pas plus fort. Contre une auto en mouvement, la canne est un instrument de défense dérisoire. Pour le piéton, la tactique la plus prudente est donc de refuser le combat. C'est ce qu'il fait généralement, sauf quand il est attaqué à l'improviste. Alors son compte est bon.

Guillaume Apollinaire a écrit *Le Flâneur des deux rives* et Léon-Paul Fargue *Le Piéton de Paris*. Littérature d'un autre âge! On ne flâne plus. La flânerie est un art en voie de complète disparition. Le noctambulisme en était une variété agréable; on ne le pratique plus non plus, on a perdu l'habitude de flâner la nuit parce qu'on n'a plus celle de flâner le jour.

J'ai pratiquement renoncé à circuler dans ma chère rive gauche; le piéton y risque sa vie et je tiens d'autant plus à la mienne qu'il ne m'en reste qu'un petit bout. Dans ce vieux quartier de Paris, que j'ai connu jadis par cœur, boutique par boutique, et qui est devenu un musée du vieux meuble et du bibelot, je ne m'aventure plus qu'avec précaution, menacé que je m'y sens à chaque pas d'être pris en écharpe par une auto.

L'Assocation des Piétons n'a pas l'intention de réclamer l'élargissement des trottoirs, elle se contente de demander que l'on ne continue pas à les rétrécir, mais, en faveur de la flânerie, elle pourrait conseiller aux commerçants de tenir leurs magasins éclairés le soir. Le soir, il y a tout de même moins de bruit et moins de voitures. Un peu du paisible noctambulisme de jadis revivrait peut-être s'il était encouragé par l'éclairage des étalages. Les étalages de Paris sont les plus beaux et les plus alléchants du monde, mais à partir de sept ou huit heures du soir, c'est-à-dire quand il devient moins difficile et moins dangereux de les admirer, la plupart d'entre eux s'éteignent, se ferment...

Pourquoi jadis déambulions-nous tant la nuit? Parce que nous étions jeunes et que la plupart d'entre nous n'avaient pas d'intérieur. Les jeunes d'aujourd'hui sont mariés à vingt-cinq ans. Sur les trottoirs des avenues et des rues désertes et silencieuses, nous nous sentions chez nous. C'était le noctambulisme de la rive gauche. Celui de la rive droite se localisait à Montmartre, c'était le noctambulisme des bambocheurs qui, comme dans la chanson, cherchaient fortune autour du *Chat Noir*. Il se pratique toujours à Pigalle d'où il a gagné les Champs-Elysées. Le nôtre était littéraire, philosophique, péripatétique.

C'est en souvenir de lui que je fais ici écho à l'appel de la Ligue des Droits du piéton.

ANDRÉ BILLY, *de l'Académie Goncourt*

Rédigez une défense des droits du piéton.

21. *Information ou culture?*

J'ai l'honneur, somme toute redoutable, de faire partie, depuis trois ans, du comité de la R.T.F.[1] Nous y avons de passionnantes discussions concernant des sujets fort divers et, par exemple, le rôle que peut et doit jouer la radio nationale dans l'enseignement public.

L'observateur impartial peut-il sans inquiétude considérer ces merveilleux appareils qui semblent propres, surtout, à diminuer les efforts de notre intelligence et de nos organes sensoriels? Je connais des personnes qui, naguère encore, se jetaient sur leur journal et relisaient certains communiqués dix fois de suite. Aujourd'hui, elles tournent le bouton de la radio, écoutent, d'une oreille parfois distraite, les nouvelles du jour.

Si le journal représente, au regard de l'observateur impartial, un instrument précieux pour l'information, le livre est et demeure à mes yeux, un instrument exemplaire et nécessaire pour la culture intellectuelle, pour le développement, non seulement de l'intelligence, mais aussi de la sensibilité, de la foi et de maintes autres vertus. Il m'arrive souvent, quand je rends visite à l'un de mes amis et que je considère, avec discrétion, sa bibliothèque personnelle, de faire un effort pour comprendre comment cette collection a pu se composer, au long des années et des décennies.

Je sais, par expérience, que le choix ne joue pas un rôle certain dans le développement de tels ensembles. Les livres ont été, la plupart, non pas cherchés et choisis, mais offerts par les auteurs ou les éditeurs. Toutefois le possesseur de telle ou telle collection a le pouvoir et le devoir d'y faire régner un ordre et un classement raisonnables.

Ce que nous donne ou parfois nous propose la radio peut exercer une influence notable sur le cheminement de nos pensées ou de nos états d'âme. Pour que l'effet de cette effusion soit en vérité bienfaisant, il nous faudrait, tout en écoutant, prendre des notes, comparer les idées et les formules, consulter une bibliothèque bien faite et moderne à tous points de vue. Un tel effort décourage la plus grande part des auditeurs, rien de plus évident. L'intellectuel sérieux se détourne alors de l'inquiétante mécanique et il s'efforce de consulter les livres que la vie et la méthode ont mis à sa disposition. Le livre est un ami fidèle et inlassable. A cent questions, à mille questions, il répond avec persévérance et clarté. Pour l'observateur attentif, il demeure l'instrument essentiel du travail intellectuel et moral. Le journal pour l'information, le livre pour l'effort culturel... Le journal doit nous aider à choisir le livre et à l'étudier.

Après avoir ainsi nettement exposé mes convictions et mes règles personnelles de travail, force m'est de prévoir que les découvertes de la science moderne et l'activité sans cesse croissante d'une industrie qui semble enrichir et simplifier la vie des hommes de la multitude ne sont pas terminées, force m'est donc de prévoir que l'avenir humain pourrait réserver d'amères surprises aux générations futures.

Il est de mon devoir de rappeler à mes enfants et à mes nombreux petits-enfants que le travail méthodique, celui qui se fait livre en main et plume trempée d'encre, est le vrai travail qui leur permettra de prendre et de garder une place honorable dans l'humanité des temps futurs. Les découvertes d'une science vraiment sage et féconde peuvent nous distraire parfois, un moment; elles ne doivent pas nous détourner de l'effort laborieux, seul fécond, seul digne du génie de notre espèce.

GEORGES DUHAMEL, *de l'Académie française*

[1] R.T.F.—Radio Télévision Française.

1. « Le livre est un ami fidèle et inlassable ». Développez cette idée.

2. L'auteur prétend que la radio est une « inquiétante mécanique ». Pourquoi?

22. *Les difficultés des maires de France*

C'est un important problème qu'évoque cette lettre d'un jeune maire de France. En voici l'essentiel:

« Je suis maire d'une commune de 6,000 habitants depuis 1959. J'ai accepté cette fonction à 33 ans; mes deux adjoints ont 62 et 65 ans.

« La gestion de ma commune me passionne et certains projets élaborés voici deux ans prennent corps.

« La mairie me prend au minimum 5 heures par jour, sans compter, bien entendu, les réunions de commissions, conseils et différentes manifestations. Or je suis employé démarcheur dans une banque; j'ai un gain modeste et j'ai deux enfants. Le temps que je passe à la gestion de ma commune est donné au détriment de ma situation professionnelle. Cela va m'amener à abandonner mes fonctions tôt ou tard.

« On nous répète que nous sommes un peuple de jeunes

et qu'il faut penser à l'avenir; mais, en fait, la gestion d'une commune n'est possible qu'à un retraité ou à quelqu'un qui a une situation assise, c'est-à-dire au moins à l'âge de 65 ans...

« Dans mon département, il y a 445 communes et de nombreux amis de mon âge n'ont pas affronté la compétition électorale et s'occupent de leurs affaires... Le désintéressement de la chose publique est grave et il s'explique... D'autres l'ont compris et, notamment, le parti communiste.

« Une seule commune de notre département est entre leurs mains. Mais le maire, peintre en bâtiment, 40 ans, est pris en charge par le parti et il gère sa commune sans préoccupation matérielle personnelle. Il passe la totalité de son temps à sa fonction et il gère, bien, sa ville de 10,000 habitants.

« Il serait temps d'alerter l'opinion sur la « grande misère des maires de France » soit en réclamant pour eux une indemnité de fonction suffisante là où elle se justifie, soit en déclarant qu'en France on rejette délibérément les jeunes de la gestion communale.»

Au moment où s'expriment toutes sortes de revendications plus ou moins légitimes, nous pensons que les réflexions de ce jeune magistrat municipal méritent d'être considérées avec une grande attention. Elles mettent l'accent sur un problème essentiel à une époque où l'aménagement et la modernisation de nos régions sollicitent un rajeunissement de nos cadres administratifs...

MICHEL-P. HAMELET

1. Approuvez-vous la suggestion d'une « indemnité de fonction » pour les maires?

2. « Le désintéressement de la chose publique. » On a noté le même phénomène en Angleterre. Quels en sont les dangers? Avez-vous des remèdes à proposer?

23. *Petite terre*

Presque aussi jalousement que la Bretagne intérieure, la Sologne[1] s'est préservée contre l'uniformité du monde moderne. Ses boqueteaux de pins noirs et de bouleaux blancs, ses étangs accueillants aux oiseaux de passage, ses landes désertes évoquent toujours les paysages du *Grand Meaulnes* et de *Raboliot*.[2] Les villes sont clairsemées, les villages aimables et fleuris. Sur les routes, au début de l'été, les faisans et les perdreaux se promènent, pas plus farouches que des poules, et les braconniers eux-mêmes, qui roulent en voiture comme tout le monde, ralentissent pour les épargner. Qu'on ne les respecte que pour les mieux tuer un peu plus tard, c'est une autre histoire.

Il y a quelques semaines, après un dimanche consacré à des tournois sportifs genre « bonne franquette », nous dînions dans un des villages les plus charmants et les plus fleuris de cette Sologne. L'aubergiste nous avait réservé toute sa grande salle, parée comme pour une vraie fête, et ceux d'entre nous qui n'étions Solognots que d'occasion, nous appréciions le goût du dépaysement à cent cinquante kilomètres de Paris. Dans tout l'horizon, on ne voyait pas une enseigne au néon, on n'entendait pas un haut-parleur. Seuls, les chiens et la cloche de l'église, comme au temps de Lamartine, étaient chargés du fond sonore. Seules, aussi, nos voitures en 75 déshonoraient momentanément la petite place et cachaient les fleurs.

Avant le dîner, on prit un verre à la terrasse. Les uns, songeant que la Sologne n'est loin ni de Vouvray ni du Sancerrois, commandèrent un vin blanc, les autres un pastis avec l'idée que « ça faisait campagne » et ce fut une première surprise d'entendre le patron nous dire: « Vous savez, j'ai aussi du scotch. »

Puis, on dîna, dans l'assez grand bruit d'une troupe de

trente personnes. La vraie surprise nous était réservée pour le dessert. Cinq jeunes Solognots parurent tout d'un coup sur l'estrade, non pas en costume local, mais habillés comme un orchestre parisien de music-hall. Chaussettes noires, blousons courts, cheveux longs à la Johnny Hallyday et armés de tous les instruments de l'âge atomique: guitare électrique, batterie aux multiples moyens de percussion et trompettes. C'est tout juste si leurs joues étaient un peu plus rouges que chez ceux de la ville et s'ils marquaient un soupçon de timidité.

Ils jouèrent. Et ils jouèrent du swing et du twist. Avec un peu moins de virtuosité, sans doute, que les grandes formations internationales, mais le rythme et le bruit y étaient. Naturellement, les plus jeunes de notre groupe n'y résistèrent pas et se livrèrent frénétiquement aux exercices qui rappellent le « shadow boxing » et le travail au sac de sable chers aux boxeurs. Ils se contorsionnaient avec autant de fougue que de variété et nous n'avions pas à rougir de notre sélection.

A la fin, les Parisiens invitèrent à leur tour les serveuses de l'auberge qui, sans hésiter et comme si elles n'avaient attendu que ce moment, posèrent leur plat et leur serviette et se jetèrent dans le twist avec exactement la même désinvolture et la même virtuosité que les jeunes dames de la grand-ville.

On les applaudit. Je songeai qu'il fallait décidément aller bien loin aujourd'hui pour changer de climat. N'avais-je pas vu l'an dernier les vahinés tahitiennes « swinger » dans les dancings de Papeete? Ne lance-t-on pas le disque à vingt mille kilomètres? O vieille Terre, en une génération, comme vous avez rapetissé!   JEAN FAYARD

[1] la Sologne — région naturelle au sud de la boucle de la Loire.
[2] *Le Grand Meaulnes* — roman d'Alain-Fournier, *Raboliot* — roman de Maurice Genevoix.

« O vieille Terre, comme vous avez rapetissé! » Développez cette idée. Le phénomène est-il à regretter?

24. Les 'fans' de la solitude

Ça y est. La nouvelle est officielle : on a pêché « La Truite »
de Schubert. L'animal n'a pas pesé lourd entre les mains
d'un compositeur moderne — qui a conservé la musique,
mais en la rythmant, en lui donnant du nerf, et récrit le
poème : cela s'appellera désormais « Le Twist » de Schubert.
Un grand chanteur de twist l'a récemment présenté
lui même à la télévision. C'était un plaisir de voir sa
jambe gauche se tordre et se déplier comme un poisson
dans un filet. Les mélomanes se réjouiront sûrement de
cette preuve que la musique classique ne se démode pas.
D'autant qu'il y a encore bien des films à explorer,
les chœurs de la « Neuvième », par exemple, qui sont très
dansants.

Ce qu'il y a d'original dans le twist, ou dans son jeune
rival le madison, ce n'est pas tant la laideur des mouvements
que la solitude des danseurs. On ne se touche pas ; on ne se
regarde pas ; on n'est deux que par habitude. Chacun garde
les yeux rivés sur les convulsions de ses propres hanches
et ne relève qu'avec effort, lorsque la musique s'arrête, un
regard fanatique et brouillé. Certains paraissent même avoir
retrouvé le secret des danses primitives et, grâce à la subtile
cadence de leurs déhanchements, parvenir au plaisir
suprême. Puis on revient s'asseoir à sa table, on souffle, on
attend sans parler la prochaine danse. Etrange société
moderne, dont les membres ne peuvent plus ni supporter
leur isolement ni échapper à leur solitude ! Il y a trente ans,
sans doute leurs pères fréquentaient-ils aussi les boîtes de
nuit, mais l'œil allumé, la pochette coquine, cherchant au
moins une compagne de plaisir. Aujourd'hui la communica-
tion semble devenue impossible, même dans le plaisir. Les
jeux les plus en vogue sont ceux auxquels on peut jouer
seul : le bowling, le karting, et surtout cette invention

bénie, au pied de laquelle se ruent, à peine sortis du lycée ou du bureau, des armées de solitaires brusquement dépaysés par leurs loisirs : la machine à sous. Chaque soir, des milliers d'adorateurs viennent offrir leur obole au doux monstre cliquetant et le saluer de leurs contorsions rituelles, en le pressant à petits coups amicaux de leur ventre et de leurs poignets. Ils restent là des heures, immobiles, secoués de légers spasmes, fixant les hoquets de la bille d'argent. Qu'attendent-ils ? Quel charme les retient ? Ils ne peuvent même pas espérer perfectionner leur technique, car ce n'est pas un jeu d'adresse, ni battre un concurrent puisque chacun joue seul. Je crois simplement qu'ils passent le temps, que la grande obsession des hommes d'aujourd'hui est de trouver non des distractions qui les amusent, mais des passe-temps, des habitudes, des occupations dont la monotonie s'accorde à l'effrayante neutralité de leur âme. Le twist, la machine à sous ont l'avantage de les accaparer sans les contraindre à l'effort de penser, d'inventer ou de donner — l'avantage, en somme, de les débarrasser d'eux-mêmes, spectacle ennuyeux où il ne se passe jamais rien, pareil à un film nouvelle vague.

Car ces isolés ont peur de la solitude. Non que leur imagination la peuple de cauchemars, au contraire : leur imagination est en panne, elle a cessé de remplir sa fonction vitale, qui est de nous protéger du silence et de la nuit, de faire parler la réalité, cette réalité muette, transparente, insignifiante, que seuls nos rêves parviennent à matérialiser, à rendre supportable. Les plus ambitieux ont beau faire l'apologie du réel — nouveau roman, musique concrète, défoulement... — ils ne rassurent personne. L'étude détaillée, l'examen désespérément scientifique d'un objet ne nous le rendent pas plus cher, mais seulement plus inhabité, plus irritant, plus étranger. Les plus avancés ont beau se féliciter de la mort des dieux, des mythes et des rêves, et saluer l'avènement triomphal de l'humanité — le beau résultat! Peut-être les dieux et les rêves apportaient-ils justement ce qui manque le plus à l'homme moderne: un moyen de se séduire soi-même. La morale, en nous persuadant que nous étions l'enjeu souverain de la lutte du Bien et du Mal, offrait au moins l'avantage de nous faire croire à notre importance. Chacun savait comment se plaire... Tandis qu'aujourd'hui, au beau royaume des humanistes, les hommes ne se sont jamais tant méprisés. C'est le comble de l'ironie que nous ayons attendu de ne plus croire à l'autre monde pour découvrir la vanité de celui-ci et le peu de prix de ceux qui l'habitent. On voudrait se plaindre, mais de quoi? Les héros d'un certain cinéma moderne — James Dean par exemple — sont des bègues, presque des muets, des êtres qui ne savent pas où ils ont mal, qui ne peuvent même pas décrire leur douleur et qui désespèrent non de la vie, mais de leur impuissance.

Monde d'impuissants! On feint de dénoncer l'érotisme moderne, mais nous sommes loin des luxueuses orgies de Rome, où une société déchaînée, ivre de sa chute, allait au moins jusqu'au bout de ses folies et de ses vices. Notre folie est plus discrète, mais plus profonde. Un homme capable de rester durant des heures à plier et déplier une jambe ou à tapoter une machine à sous me paraît finalement dans un état de démence beaucoup plus avancé qu'un débauché ou un ivrogne. Ceux-là cherchent au moins des remèdes, des techniques de la béatitude. A leur manière, ils protestent encore, ils se débattent. Tandis qu'aujourd'hui, résignés à ne plus parler, à ne plus rien attendre, les lèvres closes et le regard gelé, certains êtres semblent avoir atteint une sorte d'état d'hypnose continue, grâce auquel ils ne sentent même plus l'ennui qui les y a jetés. « Twist... Twist... Twist again! »

JEAN-RENÉ HUGUENIN

1. Les grandes œuvres de musique classique devraient-elles servir comme airs de danse?

2. « La grande obsession des hommes d'aujourd'hui... est de trouver des passe-temps. »

3. « Les hommes ne se sont jamais tant méprisés. »

25.   *Pour une suspension de la peine capitale*

La réforme que je souhaite n'est pas liée à tels événements que nous avons vécus. Elle est encore moins inspirée par des considérations de fausse « sensiblerie ». C'est une question de principe. Peut-être le vent de folie qui a récemment emporté les règles essentielles de la civilisation dans une rage de meurtres a-t-il rendu plus nécessaire l'affirmation solennelle de ces principes.

Tout crime appelle le châtiment. Ce châtiment doit être proportionné aux circonstances du crime. C'est dire que dans certains cas la justice doit être implacable. Mais la condamnation à mort n'appartient pas aux hommes. C'est précisément parce que l'effort suprême de la civilisation doit consister à entourer de respect la vie humaine, et à imposer ce respect à tous, qu'une société bien faite ne peut pas inscrire la peine de mort dans son code. Il faut qu'elle se l'interdise à elle-même. Elle peut et elle doit retrancher le coupable de son sein; le châtier de façon exemplaire. Mais les jours et la conscience de ce coupable n'appartiennent qu'à Dieu.

Pourtant, si la peine de mort représentait un frein à la criminalité, l'hésitation serait légitime. Mais la comparaison entre les pays où elle reste en vigueur et ceux où elle est abolie prouve que ce frein ne joue pas. Peut-être ne joue-t-il pas parce que les procédures de la justice sont très lentes

— notamment en France — et que, neuf fois sur dix, le droit de grâce du chef de l'Etat s'exerce dans le sens d'une commutation de la peine? Le risque de la condamnation capitale apparaît dès lors si relatif, si faible, qu'il ne suffit plus à impressionner le criminel et à le retenir. S'il en était autrement, qui sait? ...

La lenteur excessive de la justice comporte certes des inconvénients. Mais sa rapidité risquerait d'en créer de plus graves encore. Quant au « droit de grâce » (survivance du principe originel de la monarchie (car le roi était d'abord le justicier), comment s'étonner qu'il s'exerce le plus souvent dans la clémence? Il faut plaindre le chef de l'Etat — quel qu'il soit — de posséder ce terrible privilège...

Tout au plus, pour entourer cette réforme d'un maximum de précautions, pourrait-on concevoir, comme je l'ai déjà suggéré, que la peine de mort serait non pas abolie mais suspendue pendant une certaine période. Ce n'est que dans le cas où aucune augmentation de la criminalité n'apparaîtrait à l'issue de cette épreuve que la suppression de la peine capitale revêtirait un caractère définitif.

Une telle mesure — est-il même besoin de le souligner? — ne devrait en aucune façon être interprétée comme une manifestation de faiblesse sociale. Tout au contraire. Ce qui est faible, c'est de disposer d'un châtiment radical, mais de si mal s'en servir qu'il devient, à la longue, inefficace. Dans les cas qui justifient, de la part de la société, le maximum de sa rigueur, la réclusion criminelle doit être aussi définitive que la mort. Cela dit, le problème ne s'arrête pas là. C'est même là qu'il commence...

Comment est-il pensable, comment est-il admissible que, dans une civilisation aussi évoluée que celle dans laquelle nous vivons, le banditisme sous toutes ses formes non seulement tienne une telle place, mais que cette place aille chaque jour en s'élargissant? « Bah! dira-t-on, il en a toujours été ainsi... Notre époque n'est pas plus chargée de vices que celles qui l'ont précédée... » Mais notre époque a des prétentions! Celle notamment d'avoir considérablement réduit la misère... L'a-t-elle vraiment réduite, cette misère — qui n'est pas seulement physique mais morale? Dans une certaine mesure, sous un certain angle, ne l'a-t-elle pas en quelque sorte « civilisée »?

Le relâchement des mœurs familiales; les insuffisances, sur des points majeurs, de l'éducation; cette soif de jouissances, cet étalage de nudités; cette publicité qui nous fascine, nous assourdit, nous cerne, ne nous lâche plus, envahissant le silence, pénétrant jusque dans nos chambres, quel apprentissage de la sorcellerie! Ah! il m'arrive de trembler quand je vois si souvent que la découverte des pires misères morales et celle même du vice ne tiennent guère, pour tant de sensibilités enfantines, qu'à ce petit rectangle blanc, en bas, à droite, sur l'écran de la télévision...

Les prêcheurs de morale sont haïssables, je le sais! Et ridicules ceux qui gémissent sur leur temps... Je ne gémis pas sur celui que nous vivons. Nul plus que moi n'en reconnaît et n'en admire les grandeurs. C'est précisément parce que je trouve, par tant de côtés, la civilisation qui se crée exaltante que je voudrais qu'on la préservât, qu'on la purifiât.

WLADIMIR D'ORMESSON,
de l'Académie française

1. Rédigez une réponse aux arguments de l'auteur.

2. A quoi attribuez-vous l'augmentation de la criminalité dans les sociétés civilisées?

3. La télévision est-elle pour quelque chose dans le relâchement des mœurs familiales?

26. 'On n'est plus chez soi...'

Les quelques remarques qui suivent sont destinées au dossier des « grands ensembles » ouvert récemment dans ce journal.

Quand le paysan rentre chez lui, la journée finie, on peut croire qu'il éprouve un contentement en découvrant, au tournant du chemin, le porche de sa ferme. De même, le citadin fatigué, lorsqu'il a passé le coin de sa rue, et aperçoit la carotte lumineuse de son bureau de tabac familier, à dix mètres de sa porte, dit un petit bonsoir à l'épicier, et désigne sa fenêtre au camarade qu'il ramène pour le diner : « C'est là chez moi. »

Mais l'habitant des grands ensembles, bloc huit, escalier quatorze, onzième étage, porte dix-neuf, ne voit pas en rentrant de boutiquiers sur le pas de leur porte à qui dire bonsoir, n'a pas d'amitiés au café du coin, et n'éprouve pas l'envie de dire : « C'est là chez moi » en désignant la vingt-septième et la vingt-huitième fenêtre de la rangée numéro onze, sur l'immense façade, là-haut, à trente mètres.

Son appartement — étroit certes, parce que l'espace est un luxe qui coûte de plus en plus cher dans la société moderne — est sans doute assez bien agencé, avec ascenseur, chauffage généreux, vide-ordures, tourne-disques ou télévision, et de petites merveilles électriques pour faciliter les travaux de ménage. Il a l'air et le soleil, peut-être même — si l'on n'a pas trop lésiné sur les planchers, les plafonds, les parois — le silence. Mais il est un petit alvéole perdu dans la termitière géométrique, au sein de la solitude et de l'uniformité. A peine celui qui l'occupe a-t-il franchi le pas de sa porte, le voilà aussi perdu que dans une ville étrangère. L'accablante indifférence de l'univers assiège de toutes parts les vingt-cinq mètres carrés qui lui sont alloués pour manger, aimer, dormir, rêver peut-être.

La bête sauvage, dans les bois, a sa tanière : le creux sous une pierre, le buisson, le terrier où le mâle trouve refuge pour dormir, où la femelle élève ses petits. Mais la « propriété » de la bête sauvage ne s'arrête pas soudain au seuil de ce refuge. Les spécialistes de l'étude des mœurs animales ont discerné qu'il y avait, autour du gîte, plusieurs aires concentriques. Dans la première, celle qui l'entoure immédiatement, l'animal est encore « chez lui » et se sent fort de son droit pour chasser les importuns. La seconde, un peu plus éloignée et plus vaste est une zone neutre, qui appartient à tout le monde, et où l'animal tolère la présence éventuelle de ceux de son espèce. Dans la troisième, plus loin encore, il ne s'aventure qu'avec précaution, comme sur le sentier de la guerre; s'il rencontre un congénère, il battra en retraite, car il se sent au-delà du territoire sur lequel il a établi ses droits. Les bêtes que nous abritons dans nos maisons, les chats, les chiens, ont un comportement semblable: autour du coin qui leur a été dévolu ou qu'elles ont choisi, et qui leur appartient il y a le décor familier qui est leur domaine et dont elles chasseront les intrus, l'appartement, le jardin, puis les environs où elles vont volontiers se promener sans s'y arroger de privilèges, puis le vaste monde, qui ne leur appartient plus et où elles ne s'aventurent que prudemment, pour la chasse et l'amour, et prêtes à la fuite.

Nos architectes, qui dressent les plans de leurs vastes constructions selon leur esthétique personnelle, et selon les données économiques et techniques qui leur sont proposées en termes d'utilisation de l'espace, de rentabilité, de confort matériel, consultent parfois le médecin hygiéniste. Mais prêtent-ils l'attention qu'il faudrait aux données psychiques fondamentales, aux lois héritées des origines qui régissent le comportement des êtres vivants? Le logement, pour les hommes, c'est mieux que le gîte pour les bêtes des bois, mais c'est d'abord cela.

Qui se sent encore chez soi, une fois franchie la porte de

l'appartement, dans les « blocs » des « grands ensembles » ? Ce qui explique le malaise, l'espèce d'angoisse dont on parle tant, c'est précisément cela : la destruction de l'accord biologique fondamental de l'individu avec le milieu, avec un environnement qui, même dans la vie citadine, gardait naguère quelque chose de naturel.

THIERRY MAULNIER

1. Comment réconcilier les exigences de l'utilisation de l'espace avec les besoins psychiques dont parle l'auteur ?

2. On prétend qu'en créant des « villes nouvelles » on fait vivre les habitants dans une sorte de « vide ». Expliquez.

Provincial and Country Life

27. L'omnibus de famille

Une année sur trois ou sur quatre, nous faisions la tournée des oncles, des tantes, des cousins et des cousines. Ce n'était pas une petite affaire, car la famille était nombreuse. La tournée s'inscrivait toujours au milieu des vacances que je passais chez ma grand-mère, dans un pays de montagnes, de sapins, de bruyères, de myrtilles (que l'on appelait des brimbelles), d'eaux courantes, de cascades, de grès rouge et de granit. Elle se faisait au moyen d'une voiture à chevaux, qui se nommait, je crois, omnibus de famille et qu'on louait à la journée, nourriture du cocher en sus. Celui qui nous était attribué a, dans mon souvenir, un nez violet, de grosses mains, une veste de velours, le geste large et le goût de la romance sentimentale. Aux descentes les plus raides, il mettait sous une roue un sabot, que le frottement portait au rouge et qu'il refroidissait au bas de la côte en le plongeant dans un ruisseau glacé. Je connaissais d'avance tous ces épisodes. Je les attendais. Je me persuadais que nous risquions de verser à chaque tournant. J'avais peur. J'étais heureux. C'était une aventure.

Comme je m'embrouillais un peu dans les parentés, on me faisait la leçon avant chaque étape :

—Nous allons arriver à la petite maison de la tante Marie. Tu la reconnaîtras tout de suite à son bonnet tuyauté. Elle nous attend certainement sur le pas de sa porte. Tu l'embrasseras bien fort, même si ses poils te piquent un peu.

J'embrassais la tante Marie qui avait une assez belle moustache. Elle aimait parler. Elle racontait ses maladies, ses pèlerinages et dévidait la chronique de la famille, décès, mariages, naissances... J'étais un peu effrayé par tous ces Gaxotte qui avaient tant de métiers et dont le nombre augmentait sans cesse, mais j'étais attiré par la tante Marie. Comme on dit dans mon village, c'était quelqu'un. Habitant

70

à deux pas de la frontière, elle fut, en 1914, la première à devoir héberger des occupants. Les vrais soldats passèrent vite. Elle logea de pacifiques territoriaux, originaires d'Alsace, des voisins, des amis, avec qui l'on pouvait parler. Elle en profita pour les faire travailler. Ils remirent la maison à neuf, cultivèrent le jardin, reconstruisirent le poulailler. Hélas! les bonnes guerres ne durent jamais. Ils furent remplacés par des Prussiens. La tante Marie le prit de haut. Elle fut expédiée de force dans un village de Belgique, où elle attendit l'armistice, déportée à la manière de 1916.

— Maintenant nous arrivons à la ferme de l'oncle. C'est le frère aîné de ton père. Ne reste pas muet comme une carpe. S'il te pose des questions ne prends pas ton air bête et réponds simplement. Mange de tout à déjeuner, mais pas beaucoup, car on nous offrira plusieurs fois à goûter, en cours de route.

C'était la seule épreuve du voyage. La politesse campagnarde est impérieuse. Elle voulait alors qu'on offrît aux parents lointains venus en visite, non pas le pain et le sel à la façon antique, mais le jambon fumé, l'omelette au lard, la salade et la quiche. Refuser eût été discourtois. « Le voyage donne faim. Et le grand air. Si nous n'avions rien préparé pour vous, vous vous diriez: qu'est-ce que c'est que ces *hartas-là* qui traitent si mal leurs voyageurs? » Loin de nous la pensée de prendre pour des ladres et des avaricieux les bonnes tantes et les oncles hospitaliers, si heureux de décrocher le jambon, de casser les œufs et de déboucher la bouteille de vin gris! J'avais reçu la consigne. Je mangeais sans faim. Je buvais sans soif. Au retour, je me sentais lourd et mes idées s'obscurcissaient. Le cocher chantait des polissonneries du second Empire et les chevaux se dirigeaient tout seuls. On me tirait endormi de la voiture. Le lendemain, je croyais avoir vécu un conte héroïque, dans une famille de géants.

PIERRE GAXOTTE, *de l'Académie française*

1. Quand vous étiez jeune vous avez dû rendre visite, avec vos parents, à un oncle, à une tante, à des cousins, etc. Racontez vos impressions d'une de ces visites.

2. Faites le portrait (a) d'un oncle ou d'une tante que vous aimez; (b) d'un personnage original de votre connaissance.

28. Le pluviomètre

Mon village ne boudait pas le progrès scientifique. L'école était rattachée, à titre d'informatrice, au service de la météorologie nationale. Disait-on service? Office? Bureau? Observatoire? Peu importent les appellations. Les P.T.T.[1] n'ont fait que troquer le képi pour la casquette et seuls les marchands de casquettes y ont vu un avantage. Laissons ces bagatelles.

La mission de notre instituteur n'exigeait pas un laboratoire très fourni d'instruments. Il recevait chaque mois du chef-lieu une grande feuille divisée en plusieurs colonnes, sur laquelle il notait chaque jour, à de certaines heures, les températures et les pressions. Le coq-girouette du clocher l'instruisait de la direction du vent. Survenait-il un orage, de la grêle, de la neige? Il en faisait mention en termes sobres et précis. A la fin du mois, la feuille, dûment remplie, s'en allait à Paris avec beaucoup d'autres: nos chiffres entraient dans les statistiques, nos observations confortaient les savants et déchiraient les voiles de l'ignorance. Je dis nous car les grands du certificat d'études participaient à cette leçon de choses quotidienne, à titre de vérificateurs, d'auxiliaires, et quand le maître avait relevé les températures extrêmes indiquées par le thermomètre à maxima et à minima, le premier de la semaine jouissait du privilège de manier l'aimant, au moyen duquel on ramène l'index de fer doux au contact du mercure. C'était une grande humiliation, si l'on avait raté sa dictée, de perdre à la fois l'aimant, la face et la vedette.

Et puis il y avait le pluviomètre, très classique récipient en fer-blanc, que coiffait un cône incliné vers l'intérieur et percé d'un orifice circulaire, à la façon d'un chapeau pointu renversé et troué. L'eau recueillie par le pluviomètre était versée dans une éprouvette, d'une dimension calculée. Une simple lecture révélait, le cas échéant, la hauteur de la couche d'eau, évaporation, infiltration, écoulement supposés nuls. Tout cela est banal, mais nous étions à l'âge de l'émerveillement.

Notre instituteur ne quittait guère le village qu'un mois par an. Il avait du bien quelque part, qui requérait sa visite, et il lui arrivait de conduire à la découverte du Mont-Saint-Michel, des Causses[2] ou de la Tour Eiffel une caravane d'anciens élèves qui voyageaient avec un billet collectif. Pendant ses vacances et celles de son adjoint, c'est à moi que revenait l'honneur de l'observation météorologique. La girouette tournait; nous possédions à la maison thermomètre et baromètre, j'apportais de l'école éprouvette et pluviomètre. Je faisais mes observations avec un soin méticuleux, regardant trois fois pour une, avec des inquiétudes et des repentirs. Quand je doutais de moi, le pluviomètre, par sa rotondité sereine, me rappelait que j'étais un ouvrier du grand œuvre, qui découvrait à l'homme les secrets de la nature.

A vrai dire, le mois d'août est rarement pluvieux. Ma contribution au chapitre hygrométrique eût donc été d'une extrême discrétion, sans les caprices des orages et sans l'excellence de mon sommeil. Par des journées éclatantes de lumière, alors que les herbes desséchées jaunissent au bord des chemins, le pluviomètre me révélait souvent d'abondantes chutes de pluie, sept millimètres, un centimètre... Je croyais

à la probité des choses, mais j'éprouvai de l'étonnement.

— Il a fait cette nuit un orage, me disait ma sœur. Mais tu
dors comme marmotte. Tu n'entends rien. J'ai noté l'heure
à ta place. L'averse a été courte, mais drue.

J'enregistrai l'orage et l'averse. Parfois, j'essayai de lutter
contre le sommeil pour surprendre l'éclair et la foudre. Le
sommeil était le plus fort. A la fin du mois, mes observations
accusaient une pluviosité anormale, scandaleuse. Quand
j'eus envoyé la feuille à qui de droit, ma sœur me révéla que
pour mettre un peu de poésie dans la science, elle avait
soin de verser elle-même dans le pluviomètre le verre d'eau
ou le broc qui me causaient tant de surprise. Oserai-je tout
avouer ? En regardant l'autre jour des cartes de pluviosité
(déjà anciennes, heureusement, et corrigées depuis lors),
j'ai vu que mon canton était un des plus pluvieux de
France.

PIERRE GAXOTTE, *de l'Académie française*

[1] P.T.T. — Postes, Télégraphe, et Téléphone.
[2] les Causses — nom donné à des plateaux calcaires du sud de la
France.

Les avantages des petites écoles de village qui sont en train
de disparaître.

29. *La crise sardinière*

Lorient, 24 juillet.

La crise sardinière s'aggrave sur les côtes de Bretagne.
Hier, les pêcheurs du Morbihan et du Finistère ont refusé
de débarquer la cargaison de trois bateaux transportant 400

tonnes de sardines congelées. Aujourd'hui, plus de cent sardiniers ont investi le port de La Trinité-sur-Mer, et les représentants des pêcheurs sardiniers ont tenu une réunion extraordinaire.

Les incidents ont commencé hier quand trois bateaux congélateurs, deux chalutiers français et un marocain, se présentèrent dans le port de Lorient. En raison de la surabondance de la sardine dans les ports bretons, 1,500 marins pêcheurs s'opposèrent au débarquement du cargo chérifien *L'Alizé,* en provenance d'Agadir avec 150 tonnes de poisson. Après discussion, ils acceptèrent de décharger la cargaison des chalutiers français, mais à la condition qu'elle soit placée sous scellés jusqu'à la fin de la campagne.

Mais en ce qui concerne le bateau marocain, son déchargement fut interdit à Lorient. Le capitaine décida alors de tenter sa chance au petit port de La Trinité-sur-Mer. Informés, les Lorientais — une bonne centaine d'unités — firent route vers *L'Alizé* et le bloquèrent dans le port. En quelques instants, le bateau était littéralement pris à l'abordage et immédiatement inondé de fuel afin de le rendre inutilisable au trafic de pêche.

L'opération a provoqué un embouteillage indescriptible à La Trinité, où, sur plus de 400 mètres de quai, on marche sur les poissons répandus.

Après cette attaque de *L'Alizé,* les pêcheurs se rendirent à la mairie, ou, au terme d'une réunion, ils rendirent publique la motion qu'ils venaient de voter.

Les marins pêcheurs exigent:

1° La réunion immédiate du Comité interprofessionnel de la sardine;

2° L'arrêt immédiat des importations;

3° Qu'une aide financière soit accordée aux conservateurs pour leur permettre de continuer à absorber les apports de la pêche sardinière;

4° Que la propagande en faveur des conserves de sardines françaises soit intensifiée et une aide apportée à l'exportation.

Ajoutons qu'aucun sardinier n'a pris la mer hier, ni à Douarnenez, ni à Guilvinec, ni à Concarneau, ni à Audierne. Quelques incidents se sont produits près de Concarneau, à Moëlan-sur-Mer où des caisses de sardines ont été vidées dans les bureaux de la mairie. D'autre part, les pêcheurs ont entrepris une véritable chasse aux bateaux venant du Maroc.

(*Voir le passage suivant*)

30. *Les rives d'argent*

Ces boîtes renversées, ce tapis poissonneux sur les quais de Lorient et sur quelques autres ports de la Bretagne, en un instant, m'ont rendu à ma jeunesse. La mauvaise vente de la sardine est un vieux drame de ces rives d'argent. Sans rien savoir et peu capable d'en approfondir les raisons, il me semble que c'est défier des pêcheurs que d'apporter, sur le lieu même où ils pêchent, un poisson congelé, pêché dans un autre pays — alors qu'il est précisément abondant et, déjà, peu rémunérateur. Ces pratiques confondent la logique : elles sont fréquentes dans l'économie contemporaine et dans notre pays. L'abondance ne devrait jamais être un mal sur nulle partie d'une terre où un tiers des habitants ne mange pas à sa faim.

J'ai vu le même drame de mes yeux d'adolescent dans ce pays breton où j'ai passé le meilleur temps de ma jeunesse, quand de longues vacances m'y ramenaient chaque année. Pont-l'Abbé était alors un bout du monde que le chemin de fer ne reliait pas à Quimper ; et Loctudy, Lesconil, Guilvinec, de petits ports perdus, d'une physionomie particulière où se mêlaient une rêverie suspendue sur la nudité de la nature et de farouches tempêtes, une douceur naturelle des êtres et un individualisme affirmé. On réunit souvent, dans le schématisme d'une définition collective, des caractères différents. Les tailleurs de Pont-l'Abbé étaient alors des libertaires, anticléricaux; les marins de ces petits ports, pieux avant tout, mal organisés, désarmés devant la loi de l'offre et de la demande, partagés entre la disette et l'espérance de voir remplis leurs longs filets coulcur dc fumée, dont ils réparaient les mailles fines les jours où ils ne « sortaient» pas. Dans leurs costumes bigoudens, les terriens et les femmes affirmaient un attachement local au passé qui n'est pas, je crois, tout à fait perdu, et les marins étaient équipés et vivaient comme tant d'autres marins du monde. On ne triche pas avec la mer.

Ils rentraient de la pêche vers cinq heures. Le mareyeur les attendait au port et fixait le prix d'achat des usines selon l'abondance du poisson. La discussion commençait: l'air déconfit et buté des pêcheurs m'a souvent ému. Il était de ma nature d'être « de leur côté »; du côté du risque et de la peine. J'étais ébloui par leur pêche, par ces paniers pleins qu'on déversait sur le quai. On peut sans mièvrerie écrire que la sardine est un charmant poisson, car c'est vrai. Si bien habillée: le dos vêtu de vert sombre, le ventre doux et brillant comme une nacre, un petit museau pointu et deux écailles fourchues à la queue… Palpitantes encore, parfois, et achevant de mourir loin de ces profondeurs qu'elles illuminent de leur passage phosphorescent. M'inspirant une tendresse enfantine: c'est le plus petit des poissons familiers, celui que je reconnaissais à coup sûr, dont l'odeur ne m'était pas désagréable, sa fraîcheur, si fugitive, répandant sur le quai une senteur de vieil océan.

Certains étés, certains automnes, elles disparaissaient des

côtes, en dépit de la rogue, obéissant à un instinct mal déterminé, devenant une manne pour les pauvres pêcheurs du Portugal; ou se portant jusqu'aux rives marocaines. Je ne sais s'il en est encore beaucoup alentour de la Sardaigne dont elles ont, sardines, tiré leur nom...

Que de fins de journée d'août et de septembre passées ainsi à attendre le retour de la pêche, à tâcher de deviner, dès le premier bateau accosté, si elle était abondante, ou si la voile, bientôt amenée, enveloppait une déception. J'avais connu un de ces marins, jeune alors; je l'ai retrouvé beaucoup plus tard gardien d'un sémaphore sur un roc combien plus visité que ne l'étaient ces petits ports sardiniers de Guilvinec, de Lesconil, de Loctudy, dont les noms ont maintenu leur essence dans mon souvenir. Nous parlâmes de ces temps où il portait le ciré et, à pleines mains de rogue, appâtait la mer. Visiblement, il souhaitait devant sa femme ne pas trop regretter son métier; mais il l'évoquait avec une intensité sentimentale. Je l'écoutais et je voyais se dérouler ces saisons de ma jeunesse qui gardent dans une mémoire l'étendue qu'elles tiennent dans une existence. Car, si longue soit notre vie, nous en avons tous, à vingt ans, déjà vécu la moitié.

GUERMANTES

1. Décrivez la rentrée au port d'un bateau breton après une journée de pêche à la sardine.

2. Ecrivez le dialogue entre un reporter d'un journal parisien et un membre de l'équipage de *L'Alizé*.

3. Un port de pêche breton.

31. *Un discours rentré*

Cette année-là (c'était avant l'autre guerre), M. le président de la République devait venir au chef-lieu. Il y était né. Il avait été député et sénateur du département. Pendant dix ou vingt ans, il avait présidé le conseil général et il y avait appris que les grandes affaires se font souvent par les petites. Il connaissait les maires, les notables, les fonctionnaires. Ses concitoyens avaient réclamé l'honneur de le recevoir.

La France était austère et républicaine. Elle méprisait le faste qui lui eût rappelé Badinguet.[1] La maison civile et militaire du Président comptait bien une dizaine de personnes, officiers et secrétaires, ce qui interdisait les grands déploiements, mais ce qui ne nous empêchait pas d'avoir des alliances, des colonies, une flotte, des juges, et même une armée qui a été victorieuse de la plus grande puissance militaire de l'Europe. Le Président parlait peu. Il célébrait l'agriculture, le commerce et l'industrie. Il invitait les citoyens à respecter la loi, à aimer la France et la République. Il croyait ce qu'il disait et comme il n'en disait pas plus, il n'avait jamais le désagrément d'être démenti par les faits.

Quand il se déplaçait, les choses se faisaient simplement. La province ne jouissait pas de cette immense variété de polices qui l'embellit aujourd'hui. Notre chef-lieu possédait un commissaire, quinze ou vingt gendarmes et cinq ou six agents qui portaient les plis de la mairie. Il y avait aussi à la gare un commissaire spécial qui faisait des rapports au préfet sur l'état d'esprit des populations, lequel était uniformément bon. Par chance, un régiment d'infanterie tenait garnison dans un faubourg. On put donc mettre des soldats le long des trottoirs et un colonel à cheval à la portière de la voiture présidentielle. Notre département regorgeait de troupes: pour donner plus de majesté au cortège, on fit venir d'un canton voisin un demi-escadron de cuirassiers. Il n'avait point de trompettes, mais le poil des chevaux était parfaitement lustré et s'agrémentait d'un damier dessiné sur la croupe. Les habitants accrochèrent des drapeaux à leurs fenêtres. La ville fit tendre quelques banderoles tricolores à travers la rue principale. C'était assez. Dans mon pays, on n'aime pas la dépense inutile. Et puis le cœur y était.

Le Président devait se rendre au lycée, dont il avait été élève. Son nom était inscrit au parloir parmi les illustres et, sous le porche, une plaque de marbre apprenait aux familles que, du lycée à l'Elysée, le chemin était déjà ouvert. Un élève lui présenterait un compliment. Je fus désigné pour cet honneur. Je composai avec peine un texte d'une rare platitude. Notre jeune professeur de lettres (que nous admirions tous pour son esprit et pour ses cravates) prit mon petit monstre, le corrigea, le peigna, le transforma. Je me préparais à briller, quand un deuil fit remettre la cérémonie. Le Président vint, mais plus tard. Le lycée était en vacances. J'acclamai le cortège avec les curieux. Il me restait un discours rentré.

La vie a ses revanches. Bien des années plus tard, M. Vincent Auriol accepta de présider le déjeuner de l'Académie du disque et de remettre les prix symboliques qu'elle décerne chaque année (Cette fois c'étaient des autographes de musiciens, d'écrivains, d'acteurs...) Il appartenait à Mme Colette[2] d'accueillir le Président. Elle était retenue chez elle par un cruel rhumatisme. Je devais la remplacer. Allais-je enfin connaître la gloire de l'orateur ? Entre Colette et moi, je ne balançai pas. On alla enregistrer dans sa chambre le petit discours de bienvenue et de remerciement qu'elle aurait prononcé si elle avait été présente et je n'eus qu'à lui passer la parole. Un phonographe se mit en marche. On entendit Colette elle-même. Le Président répondit par téléphone. Ce fut très réussi.

Voilà pourquoi je n'ai jamais harangué le chef de l'Etat. Robespierre, élève de Louis-le-Grand, harangua Louis XVI : ça n'a profité ni à l'un ni à l'autre. Je ne regrette rien.

PIERRE GAXOTTE, *de l'Académie française*

[1] Badinguet — surnom donné à Napoléon III.
[2] Mme Colette — romancière française, 1873-1954.

Décrivez la visite d'un personnage célèbre à la ville que vous habitez.

32. *Quand on est d'ici*

Mon village n'était pas gros, mais il avait de la fierté. A l'étranger il pouvait présenter quatre gendarmes à cheval, qui portaient des bicornes les jours de fête, une société de gymnastique, une musique municipale, dont le chef était décoré des palmes académiques, en raison de ses sentiments indéfectiblement républicains, un juge de paix et deux gardes champêtres. L'un était en même temps tambour de ville, concierge de la mairie, gardien des pompes à incendie. L'autre parcourait la campagne, en ajustant son lorgnon, car il avait de mauvais yeux. Néanmoins, comme il était homme de devoir et qu'il faisait des rondes de nuit, il lui arriva de prendre sur le fait des voleurs de pommes de terre et le conseil municipal lui vota des félicitations.

Nous formions un monde bien clos. « On était d'ici » ou « l'on n'était pas d'ici » Mon père n'était pas d'ici. Il avait acheté par hasard une étude vacante. Pendant trente ans, les trois quarts des familles lui avaient confié leurs secrets, demandé des conseils, mais ses clients lui disaient encore : « On a confiance en vous, notaire, bien que vous ne soyez pas d'ici. » Moi, j'étais d'ici. Aussi savais-je par cœur toutes les histoires plaisantes que les malins du village mettaient au compte d'un bourg voisin, qui faisait figure de vraie ville et que nous jalousions en secret parce qu'il possédait une source ferrugineuse, des bains, un casino où l'on jouait aux petits chevaux (mais oui!) et un théâtre de verdure, où j'ai entendu *Les Noces de Jeannette* et *Le Gendre de M. Poirier.*

L'hiver, en allant à l'école avec mes sabots, mon cartable et ma pèlerine, je voyais fumer les mêmes cheminées, remuer les mêmes rideaux soulevés par les mêmes mains, s'ouvrir les mêmes portes et sortir les mêmes personnes. Comme notre civilité l'exigeait, je disais poliment bonjour à tout le monde, en appelant chacun par son nom. Et l'on me répondait: « Bonjour, mon p'tiot », en ajoutant quelquefois: « Travaille bien. Ne fais pas le diable. » Le silence n'en était guère troublé, ce silence paisible, lent, recueilli, qui enveloppait la vie et qui a disparu.

Je crois que mon village était vertueux. La femme de ménage qui colportait les nouvelles n'apportait pas de scandales. « Tout le monde en parle, disait-elle. Tout le pays le sait. » On palpitait de curiosité. Il s'agissait du marchand de vin qui faisait construire une nouvelle maison et qui allait pour cela dépenser des mille et des cents. La guerre de 1914 apporta la licence et le libertinage. Une demoiselle légère chassée de sa ville par les remous des armées vint se réfugier chez ses parents, en compagnie de sa jeune sœur qu'elle formait aux mauvaises mœurs. La jeune sœur fit de rapides progrès. En 1918, elle épousa un Américain. Elle doit être aujourd'hui une vieille dame respectable, qui, chaque mardi, joue au bridge dans un club féminin du Colorado, au profit des enfants du Ghana.

Si la passion ne soulevait pas de drame, l'intérêt provoquait d'âcres querelles. J'en percevais les échos, en dépit des portes fermées, quand mon père, dans son bureau, donnait lecture d'un testament aux héritiers ou essayait d'arranger un partage à l'amiable. Des gens qui étaient entrés à l'étude bons parents se disaient les pires choses et s'en allaient brouillés à mort, parce que l'un avait fait tort à l'autre d'un bout de terre ou d'une douzaine d'assiettes. Les plus vaniteux disaient: « Ce n'est pas pour les assiettes... C'est pour le procédé.» Mon père criait plus fort que tout le monde, argumentait, citait des chiffres, exposait la vanité et le coût des procès. Il lui fallait parfois deux séances, trois séances pour amener les plus têtus à composition. Naturellement, il ne me racontait jamais rien. Par discrétion professionnelle d'abord et puis, dans mon pays, on est aussi économe de paroles que d'argent. Bref, je savais peu de choses de lui. Quand il mourut, le principal clerc me remit les dossiers de ses affaires. Je pris le plus important. Sur la chemise, le clerc avait écrit en belle ronde: « Créances d'un recouvrement désespéré. » J'appris ainsi que mon père (sans être d'ici) avait été le plus charitable des hommes.

PIERRE GAXOTTE, *de l'Académie française*

« Nous formions un monde bien clos. » La disparition de ces petites sociétés villageoises est-elle à regretter?

33. *Les nuits étaient plus noires*

En ce temps-là, les nuits étaient plus noires, les hivers plus froids, les heures plus lentes, les journées plus pleines. Le progrès a illuminé les ténèbres, apporté la chaleur, la vitesse, les courses inutiles, les paroles vaines, les déplacements qui n'en finissent pas, l'organisation du temps perdu.

Quand j'étais enfant, l'électricité n'était pas encore parvenue jusqu'à mon village. On accrochait au mur du corridor une lampe dont la flamme résistait aux vents coulis et aux courants d'air. Dans la « salle » où tout le monde se tenait, on allumait une suspension, qui dessinait un cercle de lumière dorée sur la table, tandis que les angles de la pièce demeuraient dans la pénombre. Chacun montait dans sa chambre avec une bougie, et quand nous allions dîner chez mon parrain, nous nous mettions en route avec des lanternes, dont la flamme tremblante faisait naître des fantômes sur la neige. Les gens des villes, mes contemporains, n'ont pas connu cette vie humble et soumise, où presque rien encore n'avait abaissé la toute-puissance de la nature. Il me semble que, par le retard campagnard, j'ai touché à un passé bien plus ancien, alors que les siècles coulaient sans presque rien changer au train de la vie.

Un jour, comme on dit, on mit l'électricité. Ce n'était pas une grande société, mais un meunier proche, qui avait eu l'idée d'utiliser la chute d'eau pour faire tourner une turbine, en même temps que pour moudre le grain. Il s'appelait, je crois, M. Pigny et ne donnait le courant qu'à la nuit. Parfois il tardait. Nous disions : « M. Pigny est en retard… M. Pigny est amoureux. Il nous oublie… M. Pigny est à la chasse… » L'électricité gardait un caractère familial, personnel. C'était affaire de relation. On comprenait bien qu'un jour de chasse le meunier fût en retard. A la première occasion, on lui dirait : « M. Pigny, vous nous devez un lièvre, pour nous avoir laissés dans le noir. » En vérité, nous n'allumions la lampe qu'au dernier moment, l'obscurité venue. Ainsi le voulait l'économie qui était notre loi. Tout en faisant mes devoirs, j'apercevais notre voisine, assise à sa fenêtre, le rideau levé, qui s'évertuait à ses raccommodages ou à son tricot, jusqu'à la dernière traînée de jour. Quand la nuit était complète, elle repoussait sa corbeille débordant de pelotes de laine, de longues aiguilles, d'œufs de buis, et dans l'envahissement de l'ombre, dans l'effacement de toutes les formes, elle restait, un long moment, immobile. A qui, à quoi pensait-elle? A elle-même? A celui qu'elle appelait: « Not' Charton » (je change le nom), son défunt mari, qu'elle irait bientôt rejoindre? Je ne sais, mais cette longue méditation m'effrayait.

Dans ce pays venteux, pluvieux, brumeux, neigeux et froid, l'hiver faisait peur. Mon père avait dans son étude et dans son bureau des poêles en fonte. Dans la salle se trouvait un poêle à bois, en faïence, muni de tuyaux compliqués, en forme de lyre et de serpentin, qui n'emportaient au dehors la bonne chaleur qu'après un long trajet bienfaisant. Dans le four, on mettait chauffer les assiettes. Les mères de famille se disaient: « Quel tracas! J'ai trois feux allumés... Je n'en finis pas de monter du bois et de la houille. J'en deviens *tournisse*. »

Il me semble cependant que nous n'étions pas accablés. Nous lisions beaucoup, des romans, des essais, des Mémoires, des classiques. Mon père, qui révérait les gloires de la République, me donna tout Victor Hugo. Je l'ai lu. J'en ai appris, par plaisir, de grands morceaux. Une vieille dame m'a appris à jouer aux échecs. Elle était veuve et s'ennuyait de ne plus faire chaque jour la partie de son mari. Nous avions commencé par les dames. Elle m'initia, me conseilla. Je devins un partenaire possible. J'ai tout oublié. Autour de moi, la musique tenait une place énorme. Pas la radio. Pas le phono. Le piano, le violon, l'orgue, le violoncelle. Presque chaque dimanche, se tenait chez mon parrain une petite réunion d'amateurs, qui se donnaient un concert. Beethoven, Chopin, Liszt et, pour le départ, Offenbach. Nous devions tirer beaucoup de nous-mêmes. Je n'ai jamais entendu personne s'en plaindre. Mais, en revanche, combien de fois ai-je recueilli la même leçon, qui résumait toute la sagesse du village :

— Si tu veux te nourrir du pain de la paresse, tu ne feras pas de vieux os.

PIERRE GAXOTTE, *de l'Académie française*

Comparez l'existence dont parle l'auteur à la vie moderne. Avons-nous fait de véritables progrès ?

The French View of Others

— *Allons, saute mouton!*

34. *Une petite ville anglaise*

Comme je comprends les Anglais qui, chaque matin et chaque soir, prennent le train et cinquante-cinq minutes de leurs loisirs pour habiter cette petite ville, car elle est charmante. Aucun d'eux apparemment, ne se rend à Londres en voiture. Londres est une ville où l'on ne stationne plus, où les autos n'occupent pas sur les trottoirs la place des piétons, où les bus se succèdent d'instants en instants. Londres est devenu, enfin, une ville raisonnable et la circulation n'y pose plus de problèmes. Mais les trains sont commodes, fréquents, et de Charing-Cross — tube, bus, taxis — les hommes d'affaires et les employés qui habitent le sud se rendent aisément où ils veulent. Cinquante-cinq minutes de trajet: le temps de lire des titres, de déchiffrer les mots croisés du *Times* (ce qui est le bon genre) et, le soir, de jeter un regard sur ces journaux aboyeurs, dans lesquels un peuple qui ne rentre pas déjeuner chez lui trouve un résumé de la journée.

Le Kent est l'Eden de Londres: routes fleuries, vaste parc que traversent, de ville à ville, ces gros autobus verts avec lesquels il semble qu'on pourrait visiter toute l'Angleterre; et, dans ce Kent reposant, Tunbridge Wells est le joyau qui a su garder, c'est-à-dire préserver son charme victorien. Oh! bien sûr, cette petite ville s'est étendue, elle a ses magasins « à prix unique »; mais elle ne s'est pas haussée. Nul bloc ne l'écrase, et bien des maisons y sont encore ce qu'elles étaient quand la reine Victoria devenait la grand-mère de l'Europe, et que Jacques-Emile Blanche découvrait à Brighton la précocité — si tôt interrompue! — d'Aubrey Beardsley, l'illustrateur d'Oscar Wilde. L'hôtel de Tunbridge ne cache pas son âge: avec ses peintures ivoire, ses ferronneries devant chaque fenêtre ouverte sur un jardin rempli de roses — et ses deux « suites » qui portent, au lieu de

numéros, deux noms enorgueillissants: *Victoria* et *Albert*
Confort fin de siècle (l'autre) où l'acajou, les chintz, du
linge très blanc et le silence des siestes composent de
reposantes vacances.

Tunbridge-Wells fut une ville d'eau. Quelle eau y buvait-
on, quelles étaient ses vertus? Ma foi, je l'ignore. Mais ce
passé a constitué sa renommée et son caractère. La reine
Victoria y séjourna, m'a-t-on dit. Si elle s'est promenée dans
les « Pantiles »—large avenue bordée d'arbres opulents et
d'arcades, c'est à pied, car les voitures n'y peuvent passer.
Des antiquaires, des magasins soignés, maintiennent la
tradition d'une petite ville saisonnière, devenue à présent
tout à fait résidentielle. Alentour, des villas, qui ne singent
pas ou n'affichent pas la richesse mais dont l'agrément et le
confort se voient à bien des détails, attestent un confort
établi et que nul événement, qu'aucune variation des mœurs
n'ont atteint. Pourtant c'est dans ce ciel que passaient les
avions allemands qui semaient sur Londres le fer, le feu
et la mort. Les Anglais ne l'ont pas oublié et on leur en
ferait difficilement effacer la page, au livre du souvenir.

Tout près de ces « Pantiles », un libraire de livres anciens,
chez qui j'ai trouvé, il y a quelques années, une édition
originale d'*Adolphe*, ayant appartenu à l'ambassadeur
britannique à Paris en 1816, et ce matin, dans une fraîche
reliure de 1810: le *Code Napoléon*. Il venait d'être voté.
Remontons, à deux pas, l'High Street. Voici la boutique de
Payne and Son, argentier-joaillier depuis 1790, et dont le
jeune représentant est légitimement fier qu'on soit *Silver-
smith* dans sa famille depuis neuf règnes. J'ai connu son
père, homme fort aimable, qui parlait un peu français et se
contentait d'ailleurs de mon anglais précaire. Ah! qu'il
appréciait ce qu'il vendait! Où trouverait-on dans une petite
ville de nos provinces une bijouterie si ancienne et si pour-
vue?

Tunbridge, cependant, se veut une ville moderne, fût-ce en esprit. Sa bibliothèque publique ferait honneur à n'importe quel arrondissement de Paris. Trois salles de lecture! Elle a soulevé naguère quelque émoi en étant l'une des deux bibliothèques publiques d'Angleterre qui aient acheté *Lolita*. On en parla beaucoup à Tunbridge: pour faire des réserves, quelques-unes sans doute de ces vieilles demoiselles telles que j'en ai vues encore durant ce séjour, avec un teint de rose, des robes rebondies, des cheveux blancs et, sur ces cheveux blancs, de ces chapeaux piqués de fleurs potagères, comme on n'en voit qu'en Angleterre, tout au moins sur les chapeaux. Accompagnées souvent de chiens incontestablement racés. S'arrêtant sur le trottoir pour parler entre elles — au désespoir des petits chiens — avec une volubilité presque enfantine. Voilà la paix, comme je l'aime: chez des gens civilisés.

GUERMANTES

1. En quoi, selon vous, consiste le charme des petites villes anglaises?

2. Mettez-vous à la place d'un habitant de Tunbridge qui a tous les matins « cinquante-cinq minutes de trajet » pour gagner son lieu de travail. Dites comment il passe son temps et ce qu'il pense de cette façon de vivre.

35. *Jacassin... ternational*

[*Enregistré au magnétophone dans un train allant d'Italie en France via la Suisse et ramenant à Paris des vacanciers de septembre. Le wagon-restaurant est italien. On sert des spaghetti.*]

« Ça m'aurait étonné... Leurs pâtes sont bonnes, évidemment, mais ils ne savent faire que ça! » « Vous avez raison: ils ne savent pas faire une grillade ou une omelette sans faire chauffer à blanc! » (*On apporte la viande*). « Ah c'est du veau… Il faut reconnaître que leur veau est bon, enfin, en général… » « Oui mais regardez leurs épinards, ils sont bizarres. » « C'est vrai, jamais on ne servirait des épinards comme ça chez nous! » « Ils ne sont pas mauvais. » « Non mais je vais vous dire: ils ne savent pas *préparer*… » « Voilà! Madame a raison: ils ne savent pas préparer comme en France. » « C'est tout un art… » « Ça n'a le goût de rien. Garçon, un peu de poivre! » « Demande-le en italien Marcel, si tu ne dis pas *pé-pé* y vont t'apporter le sel. » « Oh écoute, *pé-pé*, *peppe*, depuis le temps qu'ils ont des Français, y pourraient tout de même s'y mettre! » « Pensez-vous, ils comprennent, mais ils font semblant, c'est plus commode! »

On arrive à Stresa et au fromage.

« Ils n'ont pas de bons fromages. Ça n'est pas du fromage… C'est tout ce qu'on veut sauf du fromage! » « C'est de la pâte, toujours les pâtes! » « Le *bel paese* peut-être, et encore… » « Ah un bon camembert! Enfin, on va en avoir bientôt. » « Il faut bien dire qu'en France nous avons une gamme de fromages incomparable. » « C'est vrai, on ne nous reconnaît déjà pas grand-chose, mais ça, on est bien obligé! » « Ça et nos routes. Eux, leurs routes sont bonnes, mais le réseau français est le meilleur du monde, c'est reconnu. Prenez l'Espagne par exemple, je ne sais pas si vous avez été en Espagne mais leurs routes!… Vous en reprenez?… Vous êtes comme moi: ça suffit! » (*On apporte l'addition. Pointages. Comparaisons.*) « C'est curieux, mais ils comptent plus cher qu'à l'aller. » « Et à l'aller on avait eu du poulet. Il est vrai que c'étaient des Français. » « Ah oui, c'est mieux. »

[*Je suis retourné dans mon compartiment. Les têtes ne sont pas les mêmes mais je jurerais entendre les mêmes voix. Nous venons de franchir la frontière suisse. Une dame observe aussitôt:*]

« Ça fait tout de suite beaucoup plus propre! Regardez cette gare, ce n'est qu'une gare mais c'est plus propre, les fleurs et tout... » « Ça, pour la propreté, on ne peut pas leur enlever. » « Dommage que ce soit si cher... » « Et qu'on y mange si mal. » « Ecoutez, pour un goûter, à Montreux, c'était au bord du lac d'accord mais enfin un goûter, mon mari et moi un jour nous avons payé... » (*Le fracas d'un aiguillage a couvert les faux frais de cette dame.*) « Enfin là, nous ne faisons que passer. » « Ils sont gentils remarquez... (*Le train arrive à Vallorbe.*) « Ça fait tout de même du bien de se sentir chez soi! » (*Contrôle des passeports. Départ du préposé.*) « C'était un Français celui-là? » « Ils ont changé leur costume. » « Avouez qu'ils ont une drôle d'allure. » « Les Suisses présentent autrement mieux! » (*La douane. Une douanière demande à une dame d'ouvrir son sac. Exécution. Départ de l'employée.*) « Ça commence, les chicanes! » « Encore heureux qu'elle ne vous ait pas fait descendre pour vous déshabiller! Ça arrive. » « Et vous avez entendu ce ton? » « Ils ne changeront jamais! » « C'est vrai: on est content de rentrer chez soi, et puis v'lan! la gifle! » « Ils feraient bien de prendre des leçons de gentillesse en Italie! » « Et de propreté en Suisse! » « Ça... On mange peut-être moins bien... » « Et encore! » « Mais au moins on est bien reçu, il n'y a pas de grèves, et leurs hôtels sont des hôtels! » « Allez donc vous étonner après ça que les étrangers délaissent la France! »

PIERRE DANINOS

Pourquoi est-on toujours prêt à critiquer son propre pays?

36. Londres et la folie du gratte-ciel

Ceux qui retrouvent Londres aujourd'hui sans l'avoir vu depuis un ou deux ans ont de quoi être étonnés. Cette ville énorme dont la principale caractéristique était l'étalement, dont la plupart des maisons ne dépassaient guère trois ou quatre étages, s'est mise brusquement à lancer vers le ciel des édifices extrêmement insolites.

Jusqu'ici Londres était dominé par la cathédrale Saint-Paul. Celle-ci est maintenant dépassée par des buildings de cent vingt mètres — et l'on promet davantage. Ils sont occupés par des bureaux. Le très pesant « Shell Building » contient cinq mille employés. L'immeuble « Vickers », plus aérien, élève ses trente-quatre étages au-dessus des petites rues et placettes du paisible quartier de Chelsea; non loin le « Carlton Towers », hôtel de luxe, ressemble à un H.L.M.[1]

Depuis les bombardements, la City était un champ de ruines, envahies par la végétation, qu'il était interdit de toucher. Elle est devenue un gigantesque chantier. Du sol, surélevé de sept mètres, émergent de grands bâtiments de verre et d'acier parsemés de gratte-ciel de trente à quarante étages.

D'autres projets sont en cours. Piccadilly Circus et Hyde Park Corner, si hétéroclites, autour desquels toute la ville semble graviter, vont complètement changer de physionomie.

Oui, la surprise est grande. L'Angleterre ne paraissait-elle pas imperméable aux audaces de l'architecture moderne? On la disait, sur ce point-là, en retard d'un bon quart de siècle sur le reste du monde. Retard volontaire, très certainement, car il n'eût été difficile aux Anglais de consulter les répertoires internationaux qui rassemblent les modèles d'immeubles à multiples étages empilés. Mais voici que Londres sort brusquement de ce qui n'était que fausse torpeur et qu'il dépasse toutes les vieilles capitales par son impétuosité à grimper, à surpasser les autres comme s'il fallait rattraper le temps perdu. La glorieuse Tour de Londres est réduite à l'humilité devant ces parvenus qui se haussent du col.

En voyant s'élever ces mastodontes dans leurs perspectives familières, bien des Londoniens sont saisis d'une sorte d'angoisse. Londres deviendra-t-il une ville verticale, à une échelle démesurée? Cette métamorphose du paysage londonien est-elle souhaitable? Est-elle même tolérable? La question n'est pas posée seulement par les messieurs qui se rendent à leur club dans leurs vieilles Rolls, mais par des hommes de métier, riches d'expérience et d'imagination, et qui passent pour les pionniers de l'urbanisme.

Walter Gropius, le fondateur du Bauhaus, fait part de ses alarmes: « Vous aurez des bâtiments très hauts, veillez à ce qu'ils ne soient pas esthétiquement très bas. »

Quant à l'Américain Lewis Mumford, l'auteur de *Technique et Civilisation*, livre capital sur un problème essentiel de notre époque, il déplore, met en garde, annonce le pire: « Ce qu'il y a de plus décourageant, écrit-il, c'est de voir que Londres, la plus décentralisée de toutes les grandes cités, et la plus individuelle, la plus capable de conserver les proportions humaines, jette par-dessus les moulins toute expérience et tout bon sens dans une frénésie de gratte-ciel. Croyant servir la cause du progrès, les Anglais jugent bon de répéter toutes nos erreurs urbaines des vingt dernières années... » Avant que les Londoniens prennent conscience de ce qui s'est passé, beaucoup de mal aura été fait. Cette cité unique court le danger de se transformer en une masse de gratte-ciel quelconques, encerclés et pénétrés par des avenues toujours plus larges où une marée d'automobiles et de camions effacera les dernières traces de ces qualités humaines qui avaient été préservées par l'entremêlement et la sinuosité des rues, ruelles, impasses et culs-de-sac du vieux Londres... Londres a survécu aux bombes allemandes, survivra-t-il à ce boom de la construction?

Il va sans dire que ces bâtiments ont leurs laudateurs, sans quoi ils n'eussent pas été construits. Mais les critiques n'échappent pas aux autorités. Elles élaborent (à retardement) des règlements de plus en plus restrictifs. Les gratte-ciel ne devront pas s'inscrire « dans une perspective agréable » et ne pas faire tache sur l'horizon. Ils sont déclarés « absolument indésirables » hors du centre de la ville.

De son côté, la commission royale des beaux-arts demande qu'ils soient groupés dans certaines zones délimitées. Il ne faut à aucun prix laisser construire des bâtiments élevés au sud de Saint-Paul, autour de l'abbaye de Westminster et du palais de Buckingham, ni autour des places de style géorgien.

Ces objections, ces réclamations ne sont pas éloignées de celles que formulent les défenseurs du Paris historique. Construire des bâtiments élevés dans l'espace que nous nommons le triangle sacré de Paris serait une faute dont nous devons nous préserver. Nos arguments sont mieux fondés encore.

Il faut tenir compte que Londres fut en partie démoli durant la guerre, et pour certains quartiers particulièrement sordides on pourrait dire, n'étaient les victimes, que de se trouver obligé de les remplacer par des constructions modernes, c'est une bénédiction.

J'ai noté que la commission royale des beaux-arts avait demandé d'étudier l'aménagement de toute une zone dans son ensemble et de préparer dans ce but des « maquettes à trois dimensions ». C'est ce que nous demandons aussi, et c'est ce qu'a formulé à plusieurs reprises la commission supérieure des sites. Sans succès jusqu'ici. Il n'est pourtant pas de meilleure façon de prévenir les désordres et de préjuger l'effet produit par l'intrusion de constructions neuves dans le paysage urbain.

L'architecture contemporaine peut se livrer à des prouesses extraordinaires, et l'on comprend très bien les griseries qu'elle suscite. Les techniques nouvelles, les modes conduisent partout à ces grands entassements dont on ne saurait contester qu'ils facilitent considérablement certaines activités de la cité. Mais les modes passent vite. Les techniques nouvelles plus vite encore. Il faut penser à cette précarité chaque fois que l'on est tenté d'améliorer une ville ancienne par les solutions du moment.

BERNARD CHAMPIGNEULLE

[1] H.L.M. — Habitation à loyer modéré (state-owned blocks of flats for letting.)

1.   Comment comprenez-vous l'expression « les proportions humaines » appliquée à l'architecture d'une grande ville ?

2.   Pour quelles raisons critique-t-on cette tendance à bâtir des gratte-ciel au centre des grandes villes ?

Schools and Education

37. Le jour des prix

J'aime les distributions de prix. Il est vrai que j'ai eu souvent des prix au temps de mes études, et qu'une circonstance personnelle se trouve ainsi mêlée à cette affaire. Mais toute satisfaction d'amour-propre mise à part, les prix évoquent pour moi une cérémonie mémorable.

Mon lycée de province avait été bâti par un architecte qui avait omis de penser à une salle des fêtes. Pour parer à cette lacune, la salle de la distribution des prix était constituée par une tente de toile que l'on dressait dans la cour centrale. Aux derniers jours de l'année scolaire, nous voyions arriver les planches et les madriers qui allaient ériger le temple de la gloire. L'estrade des professeurs dominait le parterre de chaises qui attendait les parents.

Les parents, cela veut dire les mères. Les pères avaient d'autres choses à faire que de venir voir laurer leur progéniture. Mais, pour les mères, c'était un jour d'apparat.

Elles arboraient la robe des grandes circonstances, celle qui avait servi pour la première communion. Quant aux chapeaux, la mode de l'époque faisait que l'assistance tenait à la fois d'une volière d'oiseaux empaillés et d'un jardin fleuri. Le cadre était digne du docte cortège qui allait le traverser.

Aux épitoges, le nombre de pattes de lapin marquait les grades. Le cortège sentait un peu la naphtaline. Mais la robe donnait belle allure aux maîtres que nous avions connus toute l'année en complet veston et, au troisième trimestre, dans le traditionnel vêtement d'alpaga.

Le discours d'usage était assurément une épreuve à subir, mais la dernière avant l'évasion. Le professeur qui en était chargé pouvait être rangé dans l'une de deux catégories. Pour les uns, c'était une corvée. Pour d'autres, c'était le grand jour de leur vie : ils citaient Cicéron, sans le traduire, bien entendu, comme il convient entre gens de bonne compagnie; ils maniaient l'allusion homérique ou virgilienne. Tout ce qui avait servi à nous valoir des devoirs fastidieux devenait la fleur d'une rhétorique satisfaite. Auraient-ils jamais une autre occasion de tenir sous l'empire de leur éloquence et de leur savoir le préfet et l'inspecteur d'académie ?

Nous étions bon public. Nous applaudissions à tout rompre. Une claque non moins chaleureuse scandait, un instant plus tard, les noms des lauréats que le censeur, lecteur du palmarès, proposait à notre acclamation.

Le tableau d'honneur accueillait ces noms dans un cadre qui était suspendu au mur du parloir. Ils sont alignés aujourd'hui dans un autre cadre : celui des morts à la guerre. J'évoque ceux de mes camarades qui, les uns, ânonnaient une leçon mal apprise, les autres, s'appliquaient à des devoirs consciencieusement rédigés. Je pourrais transcrire ici ces noms obscurs. Quand ils étaient prononcés par le professeur pour un appel au tableau noir, aurais-je pensé qu'un autre appel devait les désigner pour une convocation plus tragique ?

ANDRÉ ROUSSEAUX

1. Faites la description de la distribution des prix dans votre école.

2. Devrait-on donner des prix dans les écoles ?

38. *Conseils aux candidats au baccalauréat*

Jusqu'au 25 juin, les candidats au baccalauréat disposent encore de quelques jours, non pas pour surcharger leur mémoire jusqu'à l'indigestion, mais pour en accroître l'efficacité par une revision rationnelle de certaines notions indispensables.

Loin de s'encombrer la cervelle d'une masse de nombres trop précis quand leur connaissance ne s'impose pas, ils ne doivent pas hésiter, le cas échéant, à les « arrondir ». Par exemple, Canada : dix millions de kilomètres carrés ; Japon : cent millions d'habitants (en février dernier). Ils apprendront aussi les superficies et populations de pays étrangers par rapport à celles de la France ; soit : surface de l'U.R.S.S = « 40 F », d'où vingt-deux millions de kilomètres carrés ; population des Etats-Unis = « 4 F », donc cent quatre-vingt-cinq millions d'habitants. Ce procédé mnémotechnique est utile pour plus d'une raison.

Il est également recommandé de connaître par cœur quelques *citations précises* d'auteurs littéraires ou philosophiques pour étayer les arguments développés dans une dissertation.

Au moment de l'examen, en prenant connaissance du sujet, les candidats auront intérêt à coucher directement sur la feuille de brouillon les données immédiates que leur fournit leur mémoire encore fraîche : dates, nomenclatures, statistiques, citations, formules de mathématiques, de physique et de chimie, etc., qui pourraient leur faire défaut quelques minutes plus tard, dans le feu de l'action. Bien entendu, ils devront, par la suite, faire un « tri » judicieux pour ne conserver que les données nécessaires et ne pas sortir du sujet proposé.

Etant donné qu'un même correcteur peut corriger jusqu'à cent cinquante copies, les candidats feront bien de lui faciliter la tâche en soignant *la forme* autant que le fond. On comprend aisément les risques que court l'auteur d'une copie quand son lecteur doit péniblement se frayer un chemin à travers un « gribouillis » d'où émergent ratures, monumentales fautes d'orthographe et majuscules ou cédilles semées çà et là d'une manière anarchique! Ce candidat peut compromettre gravement ses chances en créant un *préjugé défavorable*.

Se méfier de certains « beaux esprits » qui déclarent dédaigneusement que l'écriture est la « science des ânes ». Mieux vaut comprendre par là que, faute d'idées géniales, tout élève, fût-il un « âne », doit *au moins* avoir une écriture lisible et même soignée... surtout lors d'un examen. Il est recommandé de diviser une composition en paragraphes distincts pour aider le correcteur à suivre le cheminement de la pensée et, quand le libellé de l'épreuve comporte plusieurs questions, de bien marquer la limite entre deux divisions, facilitant ainsi l'application du barème adopté.

Les figures, graphiques, schémas et cartes doivent être soignés et clairs. En outre, le fait que la seule *dissertaion littéraire* soit souvent, à tort, baptisée « français » n'implique pas que les compositions d'histoire et de sciences naturelles, par exemple, ou encore la version d'anglais puissent être impunément rédigées en « sabir », au mépris de la langue française et de son orthographe.

Enfin, il ne faut pas attendre les dernières minutes pour recopier au « propre » l'abondant contenu d'un brouillon souvent difficilement déchiffrable, ce qui ne saurait qu'aggraver le gribouillage et le massacre de la langue... Il est donc plus sage, dans la mesure du possible, de recopier ce brouillon au fur et à mesure.

Ces quelques conseils, qui ne constituent pas une panacée, devraient être utiles à la plupart des candidats et, plus spécialement, à ceux dont la valeur d'ensemble se situe modestement autour de la moyenne, car dans de nombreux cas, leurs copies peuvent être notées: *onze* ou *neuf* (voire *douze* ou *huit*), sur vingt, selon qu'ils s'y conformeront ou non... ce qui a une importance considérable lors de la totalisation des notes et de la délibération.

Le succès au baccalauréat étant souvent assez aléatoire, un candidat doit savoir, au départ, mettre toutes les chances de son côté.

JACQUES CAPELOVICI

1. Le rôle de la chance dans les examens.

2. Distinguez entre « la forme » et « le fond » d'une dissertation.

3. L'importance d'une bonne connaissance de sa langue maternelle.

39. *Fabulation*

Roland Bochin a raconté, dans *Le Figaro*, la fureur de cette mère d'élève qui est allée gifler une institutrice parce qu'elle avait, soi-disant, refusé de remplacer un livre usagé de sa fillette.

Cette gifle illustre un drame qui couve à l'état endémique, entre parents et pédagogues, et qui, heureusement, ne se manifeste pas souvent avec cet éclat.

En justice, ou dans une foule de circonstances de la vie, rien n'est plus difficile que de porter un témoignage ou de juger le témoignage d'autrui.

Or les rapports entre les maîtres de l'enseignement et les parents de leurs élèves se réduisent en général au témoignage des enfants. Les parents peuvent rarement se rendre au lycée ou à l'école pour consulter le maître. Les réactions du maître ne sont connues des parents que par les carnets de notes et par les récits de l'enfant.

Or le carnet de notes peut être falsifié, truqué, maquillé. Les chiffres sont de bonne composition et cèdent avec une lâcheté bonasse aux coups de pouce qu'on leur inflige. Le 0, signe du néant, éprouve un soulagement amusé à être doublé dans le sens de la hauteur pour devenir un 8, ou à être muni d'une queue qui le transforme en 9. Le 1 s'élève à peine au-dessus du rien. Mais il accueille avec empressement, à sa droite, tous les chiffres qu'une main juvénile juge bon de lui adjoindre. Le 2, le 3, le 4, le 5 et leurs confrères adjacents ne sont pas auréolés, à l'état brut, des rayons de la gloire, surtout si le maître note sur 20. Mais si on les flanque d'un 1, sur leur gauche, ils enfantent de confortables 12, 13, 14, 15.

Quant aux témoignages oraux de l'enfant, qui oserait prétendre qu'ils sont le reflet de la réalité, quand on songe à la chétive valeur, devant les tribunaux, de tant de témoignages d'adultes? Si j'ouvre le dictionnaire Larousse au mot FABULATION, je lis: « Fait de substituer à la réalité vécue une aventure imaginaire, à laquelle on croit et dont on fait le récit. *La fabulation est fréquente chez l'enfant.* »

C'est ainsi que procède souvent l'enfant quand il raconte les faits et gestes de son maître. Il invente une légende, une saga dont le maître devient le héros. Suivant son humeur ou son intérêt, il assombrit ou éclaircit les couleurs de cette Iliade, il en ralentit ou en précipite les épisodes. Quand j'étais professeur de troisième, autrefois, on a dû colporter au foyer de mes parents d'élèves la saga de M. Guth.

Quand je donnais un 18, je devais être un petit homme courtois et replet dont la seule manie, peu dangereuse, était de répéter le mot « exquis ». Quand je décernais un 0, je me muais sans doute en un tyran sanguinaire, en un sadique qui se repaissait de la souffrance des enfants.

Rétrospectivement je tremble en songeant aux paroles que l'on a dû m'attribuer, aux interprétations des événements politiques, sociaux, littéraires que l'on a dû me prêter, aux commentaires sur nos plus grands écrivains que l'on a dû mettre dans ma bouche, aux iniquités, aux bizarreries, aux perversions de l'esprit et du cœur que l'on a dû m'allouer. Qui sait le monstre ou le despote insane que l'on a fait de moi, pour expliquer un 0,5?

Parents, méfiez-vous du témoignage de votre chérubin! Formez un front commun avec son maître. Ne laissez entamer ce rempart sous aucun prétexte. L'autorité du maître en dépend, mais la vôtre aussi. Vous et lui, vous représentez les forces de l'ordre. Vous êtes solidaires.

PAUL GUTH

1.   Les professeurs vus par leurs élèves.

2.   Les relations entre parents et professeurs.

3.   « Il invente une légende, une saga, dont le maître devient le héros.» Essayez d'en trouver des exemples tirés de votre expérience personnelle.

40.   L'élève fatigué

L'enfant commence sa journée scolaire fatigué, telle est l'une des constatations exprimées par le professeur Robert Debré et le docteur Douady dans leur rapport sur «la fatigue en milieu scolaire » au conseil de la recherche pédagogique. Le réveil provoqué crée un traumatisme, le petit déjeuner est souvent escamoté, les trajets jusqu'à l'école ou au lycée — longue marche à la campagne, entassement dans les transports publics en ville — sont déjà épuisants.

Les classes durent trop longtemps, si l'on tient compte de la « capacité normale d'attention » d'un enfant, et les coupures entre les classes sont insuffisantes. Permettent-elles d'ailleurs la détente nécessaire, étant donné l'exiguïté des cours de récréation?

Les enseignements sont mal répartis. Une matière importante ne devrait être enseignée ni en quatrième heure le matin (la faculté d'attention tend alors à s'éteindre) ni en première heure l'après-midi (où se situe la phase gastrique de la digestion de repas absorbés le plus souvent dans de mauvaises conditions). Les rapporteurs estiment qu'après le déjeuner une heure devrait être consacrée à des jeux tranquilles et que les classes d'après-midi sont en général trop chargées en matières intellectuelles. Il faut se rappeler que le docteur Douady est à l'origine de l'expérience du « mi-temps pédagogique et sportif ».

Pour travailler chez lui le soir, l'enfant n'a souvent qu'un coin de table; il est sans protection contre le tapage ambiant (frères ou sœurs plus jeunes, conversations d'adultes et surtout radio et télévision). Il se couche tard... pour des raisons qui n'ont rien de pédagogique, et donc il se lève fatigué. La boucle est bouclée.

Cet exposé-démonstration n'apporte guère d'éléments nouveaux. Depuis longtemps on se penche sur les causes de la fatigue des enfants d'âge scolaire. Ce qui doit retenir l'attention, ce n'est pas tant cette fatigue que le fait qu'elle coïncide avec une baisse du niveau généralisée, dûment constatée et déplorée au certificat d'études comme à la propédeutique, pour ne pas aller au-delà! Tant de fatigue pour de si faibles résultats : s'agit-il vraiment de fatigue?

Comment réagir? Les rapporteurs proposent des remèdes simples d'ordre médical et pédagogique; ils ne font qu'effleurer l'organisation scolaire et la responsabilité des parents en l'affaire. Or il est bien évident que, pour la plupart, les causes de fatigue sont dues aux conditions de vie familiale, et dénoncer l'exiguïté du logement n'est souvent qu'un mauvais prétexte.

Au vrai, ce rapport fait le procès d'une certaine manière de vivre (ou de ne pas vivre) et établit l'état de carence de notre enseignement: locaux trop petits, effectifs des classes trop importants, programmes trop chargés sans doute et horaires mal équilibrés, mais aussi pénurie d'enseignants et maîtres insuffisamment formés pour ne pas dire incompétents; relâchement général de la discipline — indispensable à toute vie communautaire: ainsi notamment les cantines où les surveillants ne surveillent plus, des récréations où les enfants restent livrés à eux-mêmes; tendance à la suppression de l'effort au profit d'une exclusive « pédagogie du sourire ». Les rapporteurs y ont insisté: « *Il n'y a pas de secret pour apprendre beaucoup sans beaucoup d'effort.* »

L'effort intellectuel n'est pas toujours naturel à l'enfant. Il doit être soutenu, dirigé... par les maîtres, par la famille. Les classes encombrées d'enfants, qui visiblement n'y sont pas à leur place et qu'y a projetés une démocratisation mal comprise, n'aident à l'effort ni les plus doués — ils piétinent parce que les autres ne suivent pas! — ni ces autres, découragés, aigris d'être à l'arrière quand ils n'ont pas l'impression d'assister à un spectacle qu'ils ne comprennent pas.

Et l'effort intellectuel suppose... un support. Un muscle inerte ne se fatigue pas!

JEAN PAPILLON

1. Quels sont les défauts du système d'enseignement tel que vous le connaissez? Quelles améliorations y apporteriez-vous?

2. Le sport occupe-t-il la place qui lui est due dans votre éducation?

3. Comment comprenez-vous l'expression « pédagogie du sourire »?

41. *Les dates des vacances scolaires*

Au cours de sa première conférence de presse, jeudi, en tant que ministre de l'Education nationale, M. Pierre Sudreau abordera à coup sûr nombre de problèmes relevant désormais de sa compétence.

On doit attendre de lui des précisions sur son projet de réorganisation de l'année scolaire, puisqu'il a déjà fait part de son intention de consulter au préalable les parents sur ce point sous la forme d'un sondage d'opinion. Nous avons tenu à nous associer, après l'un de nos confrères de la presse hebdomadaire, à cette campagne dont les résultats permettront au ministre de décider en connaissance de cause.

Depuis 1956, nous l'avons dit, le calendrier scolaire a subi trois réformes signées Berthion (1956), Boulloche (1960) et Paye (1961). Or il semble que le régime actuel, s'il n'est pas pire, ne soit pas non plus meilleur que les précédents. C'est pourquoi M. Sudreau s'attaque à son tour au problème, dont les données n'ont d'ailleurs pas changé.

Nous nous bornons à retenir pour les grandes vacances la solution des deux mois et demi, durée jugée très suffisante par les médecins et les hygiénistes scolaires, et qu'il convient de ne pas dépasser si l'on ne veut pas que les enfants oublient, à une vitesse exponentielle, ce qu'ils ont retenu d'une année d'étude. Une telle durée, en outre, est de nature à satisfaire aussi hôteliers et organisations de tourisme, partisans de l'étalement des congés. Point n'est besoin de trois mois pour mener à bien cet étalement.

Le débat porte sur les dates: 1er *juillet*-15 *septembre ou* 13 *juillet*-30 *septembre?* C'est l'une des questions que nous posons à nos lecteurs, parents et professeurs, sachant que le choix dépend notamment de la nature des cultures dominantes dans telle ou telle région. La ligne de partage, en l'affaire, passe entre les « terres à blé » intéressées par la première formule, et les « terres à vigne », retenant la seconde, à laquelle se rallient d'emblée, on peut en être sûr, les chasseurs. C'est ce que notre questionnaire devrait faire ressortir.

Seconde question: la date du congé entre le deuxième et le troisième trimestre scolaire. Autre sujet controversé. Les uns penchent pour un congé englobant à tout coup la fête de Pâques. Or celle-ci, on le sait, est sujette d'une année à l'autre à des variations pouvant atteindre vingt-sept jours. Ce qui a pour effet le plus souvent de raccourcir un trimestre...à deux mois, tandis que l'autre s'étend sur plus de trois.

C'est pourquoi des parents, des médecins, des pédagogues souhaitent, pour parvenir à l'équilibre, que l'on fixe un congé entre les deux trimestres, sans tenir compte de la date de Pâques. Nous sollicitons sur ce second point l'avis de nos lecteurs.

L'organisation de l'année scolaire est liée, au vrai, à la réforme des examens, en particulier à celle du baccalauréat. L'effectif des candidats, d'une part, l'obligation de respecter les onze semaines de vacances des maîtres, d'autre part, imposent à l'administration de fixer avant la fin de l'année scolaire le début des épreuves d'examen. Des classes sont de la sorte « en vacances » quinze jours avant la date normale. Déjà certains professeurs — membres des jurys du C.A.P.E.S.[1] par exemple — sont contraints de s'absenter pendant plusieurs jours! Des projets tendant à un allégement des examens sont à l'étude. De leur adoption dépend en partie l'équilibre de l'année scolaire. En partie seulement... car établir un calendrier scolaire harmonieux, pour important que ce soit, ne constituera qu'une étape vers la remise en ordre de notre enseignement.

JEAN PAPILLON

[1] C.A.P.E.S. — Certificat d'Aptitude au Professorat de l'Enseignement Secondaire.

1. Faites une comparaison entre l'organisation des vacances scolaires chez vous et celle qui existe actuellement en France. Quel système préférez-vous ?

2. Expliquez : « Le choix dépend notamment de la nature des cultures dominantes dans telle ou telle région. »

3. « Des classes sont de la sorte 'en vacances' quinze jours avant la date normale. » Quelle est, selon vous, la meilleure façon d'employer ces deux semaines de fin de trimestre ?

4. Comment pourrait-on procéder à un allégement des examens ?

Miscellany

GEOLOGUES
— *Perdu quelque chose?*
— *Un caillou que j'avais ramassé.*

42. *Maigret travaille*

Lorsque Georges Simenon se met à un roman, trois ou quatre fois par an, il l'écrit d'affilée, d'une traite, en neuf jours, quoi qu'il arrive. Condition *sine qua non* de la création d'un certain rythme et de l'atmosphère que nous aimons. Simenon s'enfonce alors dans une sorte de tunnel, c'est comme s'il entrait en religion pour neuf jours. Il lui faut la cellule et les règles étroites de la vie conventuelle.

Quand on traverse la cour pavée du château d'Echandens, près Lausanne, Denise Simenon, qui veille à ce que rien ne vienne troubler le songe de son mari, vous invite à marcher sur la pointe des pieds...

Georges travaille dans un bureau qui est installé au premier étage d'une tourelle de pierre, et les rideaux des fenêtres sont tirés en permanence neuf jours durant, car il ne veut, il ne peut être distrait, ni par ce qui se passe dehors ni par le sentiment du temps qui coule.

A huit heures moins vingt le soir, le romancier ouvre la porte de sa « forcerie »...

Une grande pièce voûtée. Au centre de l'immense table d'acajou, le manuscrit. Le chapitre écrit cet après-midi tient environ trois ou quatre pages. Au maximum. D'une écriture microscopique. Au crayon.

A gauche, un indicateur des chemins de fer ouvert, un annuaire des téléphones feuilleté et une loupe éclairante pour déchiffrer la carte Michelin entrebâillée. Dans un grand cendrier en liège, plein aux trois quarts de cendre, une pipe encore à demi bourrée et un gros couteau pointu pour nettoyer à mesure les sept ou huit autres pipes qui ont servi cet après-midi et qui gisent là, en désordre, sur le devant du bureau. A droite, une trentaine de crayons, tous du même modèle, qui ont été utilisés tant que leur mine était encore assez pointue. Et dans un grand vase en verre, une cinquantaine d'autres, à la pointe intacte. A côté du bureau, sur le côté, une table roulante qui porte une énorme cafetière reliée à une prise de courant.

— Tu vois, à 2 heures, elle était pleine; j'en bois deux comme ça dans la journée.

Georges Simenon range alors son manuscrit dans un tiroir. Puis il remet à leur place la carte, la loupe, l'indicateur et l'annuaire. Il dispose ses pipes dans le râtelier qui en contient un nombre impressionnant. Il ramasse les crayons usagés, et, à l'aide d'un taille-crayon à manivelle, leur refait à tous une mine pointue comme une aiguille, qu'il éprouve du doigt l'une après l'autre.

— Ensuite, tu vois, je déménage la « roulante », je l'amène près de ma table à machine pour qu'elle soit prête demain matin. D'ici là, la domestique aura remplacé cette cafetière par une autre pleine que je trouverai en arrivant à 6 heures. Je n'aurai plus qu'à brancher la prise de courant.

Voila, c'est fini, tout est prêt pour demain. Car, le matin, pour se mettre en train, Georges Simenon tape à la machine le chapitre écrit la veille, et, l'après-midi, quand il a retrouvé la cadence, il poursuit au crayon.

Ce qui me frappe, dans le petit univers mal oxygéné de la vie littéraire où nous nous agitons, dans ce petit microcosme où l'on ne pardonne qu'à regret le talent, c'est que Georges Simenon, force qui va, et, de surcroît, auteur à succès, est aimé de tous ceux qui l'approchent, même de ses confrères. Simenon se fait chaque jour de nouveaux amis, et, tout aussitôt, chacun a l'impression d'être son meilleur, son plus ancien ami. A quoi cela tient-il? A une étonnante chaleur humaine qui baigne son œuvre et sourd de sa personne. Il ne donne peut-être pas beaucoup plus à l'un qu'à l'autre, mais il se donne généreusement à tous. Georges Simenon n'est pas un 'homme de lettres'. Il est un écrivain considérable - et cela ne l'empêche pas de se conduire en homme, de manifester, sans cesse ni frein, sa curiosité; de se passionner pour tout ce qui respire. Il n'a ni fausse honte ni pudeur excessive. Il est content de ce qu'il possède. Il s'est donné beaucoup de mal pour l'obtenir. L'importance de sa production coupe le souffle : depuis quarante ans, neuf cent quatre-vingt-six contes et cent quatre-vingt-onze romans populaires sous dix-neuf pseudonymes, trente et un grands reportages, vingt-neuf articles, préfaces ou conférences, soixante-deux Maigret et cent un romans ou nouvelles. Et une existence aussi mouvementée que méthodique. La morale du plaisir recouvre une organisation d'acier. Il est à la fois l'usine et le milliardaire. J'imagine que c'est exactement ce que Balzac aurait fait s'il avait réussi sur le plan financier.

Devenir Simenon, c'est bien. Etre Simenon, en avoir conscience et le rester, c'est mieux.

JEAN-JACQUES GAUTIER

1. Mon mari au travail — raconté par Mme Denise Simenon.

2. Un indicateur des chemins de fer — un annuaire des téléphones — une carte Michelin — en quoi ces choses sont-elles utiles à l'écrivain ?

3. Le roman policier.

43. Partons, partons, joyeux compagnons...

Les hommes ne sont pas heureux. Ils sont d'accord pour reconnaître que le vie qu'ils mènent *n'est pas une vie*. Ce qu'ils appellent *la vraie vie*, ils la situent toujours « *ailleurs* » : un autre climat, un autre pays, un autre métier, une autre planète...

Pourquoi ne partent-ils pas, ne changent-ils pas? Pourquoi ce croupissement, cette routine, ce tran-tran qu'ils détestent?

Mais à cause des femmes, voyons.

— Ah, là, là, moi, si je n'étais pas marié, je vous jure que je ficherais le camp et que j'irais vivre ailleurs...

Oui, sans leurs femmes, les hommes seraient tous à Tahiti, au Texas, aux Caraïbes, à Honolulu, en Chine, dans les airs, sous la mer, dans la lune, en tout cas, ailleurs, et, là-bas, ils seraient paisibles et glorieux, pauvres et riches à leur gré, libres enfin, avec du soleil, du bon air, de jolies femmes obéissantes, des hamacs et de l'aventure, bref un mélange de Christophe Colomb, de Gauguin et de Robinson Crusoë.

Comment vivraient-ils? Mais très bien, très facilement; ce sont les femmes qui sont ruineuses, eux n'ont besoin de rien; ils se débrouillent toujours, et le monde est plein de ces pays bénis «où la vie ne coûte pas un sou». Malheureusement leurs femmes préfèrent rester à la maison, près de leur maman et de leurs amies; elles ont le mal de mer, elles ont le mal de l'air, elles ont toujours trop chaud, elles ont toujours trop froid. Il n'y a que papoter qui ne les fatigue pas, papoter et acheter des chapeaux...

Hé oui! sans leurs femmes qui sont routinières, casanières, dépensières, papotières, les hommes en verraient du pays...

— Sans ma bonne femme, moi, disait un ouvrier, je vous promets que je ne ferais pas longtemps le zouave dans leur sacrée bon dieu de baraque, j'irais me balader un peu partout; c'est pas le boulot qui me manquerait, là-bas, chez les Chinetoques et les Ricains...

— Quand j'étais jeune, disait un ingénieur, je voulais voyager, je voulais voir le monde, et puis, voilà, je me suis marié...

Et voilà, les héros, les conquistadors sont là grognons, grincheux et geignards, mornes, mous et monotones, fatigués fatigants, ternes, tristes, poussifs et poussiéreux, auprès de leurs épouses bien aimées.

Il ne faut point discuter les impératifs du devoir, mais ce que l'on comprend mal c'est que les célibataires, qui sont libres, voyagent si peu, à moins que l'armée ne s'en occupe, et qu'ils restent tous dans leurs bureaux et au volant de leur petite voiture. Il paraît qu'ils sont bien obligés de se faire une situation afin de pouvoir se marier un jour...

Ce que l'on comprend encore moins ce sont ces hommes mariés abandonnant leur femme ou abandonnés par elle, qui se trouvent brusquement délivrés des menottes de la conjugalité et qui ne s'envolent pas, tel un vol de gerfauts, vers les terres lointaines, mais se remarient presque toujours avec une autre femme routinière, casanière, dépensière et papotière.

Faut-il croire qu'il est trop pénible pour un homme au XXe siècle de vivre sans avoir quelqu'un à qui reprocher ses rares échecs, ses velléités, ses manques, ses faiblesses?

Peut-être est-il moins difficile de geindre auprès d'une femme que de prendre un train? A moins que la femme ne soit devenue le meilleur alibi que l'homme moderne ait trouvé pour masquer sa fatigue, sa lassitude?

Les hommes, en réalité, ne font jamais que ce qu'ils veulent bien: autrefois, pour partir au loin, ils avaient inventé la chevalerie et, sous prétexte d'honorer leur belle, ils s'en allaient à l'aventure. N'est-il pas amusant qu'aujourd'hui ce soit le même prétexte, l'amour et le souci de femmes, qu'ils aient trouvé pour rester au chaud à la maison, se plaindre à loisir, tout en chantant, inlassablement, comme les chœurs de l'Opéra-Comique: « *Partons, partons, joyeux campagnons...* »

FRANÇOISE PARTURIER

1.   Faites le commentaire de ce passage.

2.   Pour les garçons—rédigez une défense contre cette attaque féminine.

3.   « Tout le malheur des hommes vient d'une seule chose, qui est de ne savoir pas demeurer en repos dans une chambre. » (Pascal).

44.   En attendant le taxi

Chaque jour, on nous propose de réformer le monde. Les journaux multiplient les enquêtes sur les grands problèmes de notre temps. De graves messieurs, venus des quatre coins de l'univers, se réunissent fréquemment pour chercher des solutions, émettre des hypothèses et fonder leurs espoirs dans l'avenir de l'humanité. Mais aucun organisme, aucune institution ne semble se préoccuper d'améliorer ce que nous pouvons appeler « les détails de la vie quotidienne ». Or, chacun de nous, bien que dans des ordres divers, ne tire-t-il pas de ces petits riens, par la force des choses, satisfactions et soucis de tout instant?

Je me livrais à cette réflexion en faisant l'autre jour queue pour prendre un taxi à la gare de Lyon. En ces circonstances on se sent parfois porté vers des méditations profondes. Du reste, je tenais là l'exemple qui pouvait le mieux cimenter mon propos.

Etes-vous jamais descendu d'un train, gare de Lyon, ayant confié vos valises au porteur et souhaitant trouver un taxi? C'est une situation, disons, assez courante dans une grande gare. Ici, pourtant, commence une sorte de scène à la Ionesco: le porteur retrouvé (avec les valises) pose celles-ci sur le trottoir et vous indique que le règlement lui interdit de traverser la chaussée pour aller jusqu'à la file des taxis.

D'autre part, les taxis devant « charger » la file constituée, ne peuvent venir jusqu'au porteur. Pour tous ceux dont les poignets sont trop fragiles ou les valises trop nombreuses une seule possibilité : abandonner avec un dernier regard les bagages (que l'on récupérera ensuite avec le taxi, lequel pourra alors venir du bon côté !) et s'engager dans une valse hésitation à travers les voitures avant de prendre rang dans la queue. C'est un manège bien singulier à observer.

Mais ce qui m'étonne encore le plus, c'est la bonne volonté ou la passivité des gens pour se soumettre à l'absurde. A tel point que je m'inquiète de plus en plus sur moi-même. Serais-je donc particulièrement chicaneur, grincheux ? Chacun, autour de moi, semble s'accommoder de quantités de non-sens qui, s'ils ne m'irritent pas toujours, du moins me laissent perplexe.

Je ne suis pas un monstre : j'ai 1 m. 80 ; je pèse 70 kilos ; le monde devrait être à ma mesure. Alors comment m'expliquerez-vous que, dans la plupart des salles de bains des hôtels de France, je sois obligé de plier les genoux dans une position de twister pour me voir dans la glace en me peignant ? Et que dire des « lits-pour-deux » si étroits que l'on est pris de vertige... à l'idée qu'ils puissent contenir les couples rebondis que l'on croise dans les halls de réception. Pourquoi les fauteuils de cinéma et de théâtre, sans parler de ceux des transports en commun, manquent-ils toujours dans leur espacement des six centimètres qui me permettraient d'éviter les crampes ?

Même dans les secteurs où l'amélioration technique est un principe vital, il n'apparaît pas que l'on songe à certains détails qui, cependant, nourrissent les soucis de l'honnête homme. Il y aurait de ce point de vue beaucoup à dire sur le Salon des arts ménagers (tuyaux à gaz inusables, mais avec des embouts d'une fragilité menaçante) et bien davantage encore sur celui de l'Auto. Quelles mesures de protection des automobilistes a-t-on inventées à l'intérieur des véhicules ? Depuis l'année où les Vingt-Quatre Heures du Mans, si pluvieuses, ont démontré l'insuffisance des essuie-glaces communément utilisés, quels progrès a-t-on faits ?

L'hiver dernier, mes accumulateurs n'ayant pas résisté au froid, je me suis attiré cette curieuse repartie de mon garagiste : « Les voitures, c'est pas fait pour coucher dehors. » « Mais, lui répondis-je, il serait temps que les constructeurs y pensent puisqu'elles couchent toutes dehors à Paris... »

Mais non, ils inventeront une nouvelle calandre l'année prochaine, ou un nouvel enjoliveur.

Nous n'en finirions pas d'évoquer, dans tous les domaines, quantité de questions d'ordre pratique qui résolues, nous simplifieraient l'existence. Il y a certes des bureaux d'étude où des experts « rationalisent » les conditions de travail et cherchent, dans les usines par exemple, les moyens de rendement supérieur. Mais on vise ici l'utilité. Ne pourrait-on s'aviser de nos agréments, de nos petits gestes de tous les jours ? Je rêve parfois d'un aréopage de bon conseil qui, saisi d'une multitude de problèmes mineurs, siégerait sans désemparer.

ANDRÉ BRINCOURT

1.   Racontez l'expérience d'un voyageur arrivant Gare de Lyon qui cherche un taxi.

2.   Pouvez-vous trouver d'autres exemples de ces petits ennuis tels que l'auteur en a cité ?

45.   L'avoué et l'antenne T.V.

Un avoué, propriétaire d'une villa où il se rendait à la fin de chaque semaine pour y goûter quelque loisir, avait fait dresser sur son toit une haute antenne de télévision, ce travail ayant été accompli par le radio-électricien d'une localité toute proche. Mais sur l'écran l'image demeurait imparfaite, si bien que l'artisan décida de rehausser encore le mât, et, pour en assurer l'équilibre, il le relia par un câble à la cheminée d'un pavillon voisin. Sans plus de façon... Or, une nuit où le vent soufflait avec violence, on entendit au-dessus des combles un grand fracas, et, le matin venu, on constatait une double disparition: celle de la cheminée et de l'antenne, qui s'étaient envolées de conserve et que l'on devait retrouver à 100 mètres de là, toujours fraternellement unies par leur lien. Au passage elles avaient endommagé tuiles et ardoises des alentours, ce qui compliqua singulièrement les choses.

« C'est votre satanée télévision qui a fait tout ce gâchis, s'exclamait le propriétaire du pavillon. Quelle idée aussi de vous brancher sur moi. Je ne suis pourtant pas un tuteur...

— Mais, répliquait l'avoué (qui posait professionnelle-ment des jalons dans l'éventualité des litiges), je pourrais affirmer de mon côté que votre tuyau de tôle était mal ajusté, que, n'ayant pas résisté à l'ouragan, il a entraîné mon antenne dans sa fuite. Du reste adressez-vous à mon radio-électricien, le vrai responsable, car ce n'est pas moi qui lui ai conseillé d'aller enrouler un hauban autour de votre souche. Je l'ignorais même. Si vous vous figurez que je regarde ce qui se passe sur mon toit ou sur celui des autres!...

— Eh bien! mon cher maître, vous avez tort, lui a répondu le tribunal. Cette installation, qui s'accrochait à la pro-priété d'autrui sans qu'il y ait eu de consentement préalable se trouvait ainsi affectée d'un vice des plus apparents, et en levant un peu les yeux vous l'auriez remarqué, surtout avec votre clairvoyance d'homme de loi. »

L'avoué a donc perdu son procès personnel, mais il faut dire qu'en l'espèce sa responsabilité ne tenait... qu'à un fil.

ROLAND BOCHIN

Vos voisins.

46. *La Zimboum 44*

Mon ami Martin me demande de passer chez lui pour admirer la Zimboum 44 qu'il a réussi à se procurer avant tout le monde. Il triomphe :

— Nous ne sommes pas plus de six, en France, à posséder une Zimboum 44 et, sur les six, nous ne sommes que deux à profiter de l'injection directe, le directeur général des usines et ton serviteur. Ah! je me suis démené. Pour finir, je crois qu'ils m'ont donné le modèle pour se débarrasser de moi. Je les embêtais trop! Pour l'injection directe j'ai payé un demi-million de supplément, mais quelle économie d'essence!

Je calcule rapidement :

— A cent francs le litre d'essence, un supplément d'un demi-million, cela « fait » cinq mille litres, donc un nombre appréciable de kilomètres. Quelle est la consommation de la Zimboum?

— Douze litres aux cent, je crois.

— Tu le crois? Tu ne l'as pas vérifié?

Martin hausse les épaules :

— J'ai pris livraison de la voiture samedi. Je n'allais pas la sortir pendant le week-end! Je ne suis pas fou. J'espère bien que tu ne roules jamais le dimanche! C'est trop dangereux.

— Moi, tu sais, même en semaine...

— ...Tu prends le métro? Moi aussi.

— Où pourrait-on se garer?

— Se garer, à la rigueur, on y parviendrait... On finit presque toujours par trouver une petite place. Mais l'usure! Bien entendu, je ne parle pas de l'usure de la voiture. La Zimboum, en tout cas, est « increvable ». Je parle de l'usure nerveuse. Dans les embouteillages, on met ses accus à plat—pas ceux de la Zimboum, les siens! Mon médecin est formel: les *nervous breakdown* ne sont pas dûs aux chagrins d'amour (ça n'existe plus), mais aux embarras de la circulation. Tu l'as remarqué comme moi: tous les conducteurs sont hargneux, prêts à s'entretuer (petit rire sarcastique). Dommage qu'on ne les laisse pas faire. On aurait plus de place.

— En somme, mon vieux Martin, ta Zimboum grand sport, tu ne la sortiras pas avant Noël, pour descendre dans le Midi?

Il lève les bras au ciel:

— A Noël! Alors qu'il se tue cent à cent cinquante personnes par jour. Comme tous les gens raisonnables, à Noël, je prendrai l'avion.

C'est donc aux vacances d'été qu'il réserve son joli et puissant joujou? Point du tout. Ecoutez-le:

— Autrefois, avant l'étalement des vacances, on pouvait encore rouler. Maintenant, à partir de mai, un chef de famille conscient de ses responsabilités ne peut plus exposer les siens aux dangers de la route. Cet été, nous irons donc en Grèce, dans un village de toile, où l'on rapprend à marcher, à se servir de ses jambes, et, crois-moi, c'est merveilleux.

La Zimboum restera au garage. Martin se console:

— C'est une voiture dont la cote ne fléchit pas. Elle ne perd presque rien de sa valeur d'une année à l'autre.

Il me la montre (au garage). Elle est superbe, la Zimboum 44, briquée, bichonnée, étincelante.

— Tu peux toucher, c'est solide! Et *fini*, hein? Ça tape le 160 comme rien. Note que je ne dépassais jamais le 100 quand je roulais encore.

Car il ne roule plus. Ou si peu. Pourtant, il faut bien avoir une voiture — comme tout le monde — ou, plutôt, une voiture qui ne soit pas la voiture de tout le monde...

— ...Pour la laisser au garage?

Martin soupire:

— Hé! oui, pour la laisser au garage.

Je suggère:

— Pourquoi ne pas la placer dans ton salon? C'est vraiment l'objet le plus précieux que tu possèdes! Tu la verrais, tu pourrais la montrer.

— Farceur! grommelle Martin, amèrement.

Mais quand il aura un peu réfléchi...

MARCEL HAEDRICH

1. Pourquoi Martin a-t-il acheté sa nouvelle voiture?

2. Analysez le plaisir qu'il en tirera.

3. Avez-vous connu des gens comme Martin?

47. *Pitié pour les grand-mères*

« Au début de l'été, Beaupoil s'achemina péniblement sur les quais de la gare de Lyon, entre les files de boys-scouts, et les foules de grand-mères qui subissaient, hagardes et souriantes, le sort de toutes les grand-mères de France à cette époque: entraîner en vacances des animaux, des bagages et des petits-enfants, Beaupoil, qui avait l'âme sensible, songea à fonder un Club pour la protection de la grand-mère, de mai à octobre. » Peu importe si ce Beaupoil mène à bien son projet. J'ai interrompu la lecture de ce manuscrit qui se voulait désespérément frivole et j'ai regardé autour de moi. C'était un jeudi, au Luxembourg. Luttant contre la poussière que les enfants soulèvent dans leurs jeux, protégeant l'un, punissant l'autre, courant vers un troisième qui se roulait par terre, les grand-mères ahanaient en disant: « Non, ce n'est plus une vie. Et en juillet, ce sera terrible, avec les vacances. Mon Dieu, ces vacances! »

Ce mal qui va les frapper vient de loin. Sitôt les étrennes et le mois de janvier passés, les grand-mères subissent l'offensive sourire-et-compréhension. « Je louerais volontiers cette villa que nous avions l'an dernier, dit Mme D… à sa mère, mais qui s'occupera des enfants? Ils ont été trop insupportables et je t'approuve de ne plus vouloir y retourner. » La rumeur ne tarde pas à se répandre. Elle est la grand-mère que l'on montre du doigt, l'égoïste qui se refuse à chasser la pâleur régnant sur les joues des chérubins. Hélas! les grand-mères, au lieu de se soutenir entre elles, donnent le spectacle de la plus perfide désunion. « Vous n'êtes née qu'en 1898? dit l'une d'entre elles à la coupable. Moi je suis de 90 et j'emmène en Provence nos trois petites-filles. A notre âge, il faut savoir se sacrifier. » Blâmée par ses amies, harcelée par ses enfants, la grand-mère perd le sommeil et le retrouve en acceptant « une nouvelle expérience ».

Nous arrivons donc au temps où ces vieilles dames aux mœurs paisibles, qui vieillissent tranquillement entre un pot de géranium, une tasse de thé et leurs habitudes, vont être soumises aux palpitations que donne la haute montagne ou aux rigueurs de la plage. On les dépose là, sur le bord de la mer, comme les Barbares exposaient autrefois leurs victimes au soleil jusqu'à ce que mort s'ensuive. Mais cela n'est rien, comparé aux sévices que leur infligent les petits anges. Les grand-mères martyres existent. A l'heure de la sieste, surtout, enfin de ce que les enfants osent nommer sieste et qui n'est que gambades sur un lit devenu tour à tour diligence, palais en feu, vaisseau pris à l'abordage. Une menace retentit, dont l'effet s'effiloche de jour en jour : « Ce soir, je téléphone à vos parents. Ils viendront vous chercher. » La fatigue a raison de la grand-mère, qui tombe, harassée, tandis que filles et garçons puisent de nouvelles forces en organisant une sarabande.

L'heure est grave. Un été commence qui va voir les grand-mères subir une fois de plus le sort terrible contre lequel leur faiblesse est impuissante. Laisserons-nous ainsi anéantir ces vieilles fées qui ne seront bientôt plus qu'un souvenir, une image trônant sur la cheminée, entre le coquillage, le chandelier et ces déesses de la Fécondité en bronze que la mode, lentement, ramène dans nos logis ? Formons des ligues, dénonçons les enfants indignes, surveillons les abords des gares et délivrons les grand-mères d'un asservissement honteux. Attendons-nous au pire : nous aurons à combattre celles-là mêmes que nous prétendions sauver. Cet enfer estival dont elles se plaignent à grands cris, elles se refusent à le quitter. Une grand-mère ne veut pas perdre ce moment où un garçonnet de cinq ans l'embrasse et dit : « Je t'aime bien, tu sais. Quand tu seras vieille et que je serai grand, je t'achèterai des gâteaux tous les jours. »

JEAN CHALON

1.   Le problème des vacances pour les mères de famille.

2.   « Nous aurons à combattre celles-là mêmes que nous prétendions sauver. » Expliquez.

48. Expulsion d'un locataire

Les témoignages sont unanimes. Experts, huissiers, propriétaire, voisins, tous sont d'accord sur ce point: il est impossible de pénétrer dans cet appartement au 19 de la rue Montmartre, sans être pris d'un haut-le-cœur.

Les lieux sont occupés par deux vieux célibataires. Le plus ancien est le maître de céans, employé d'écritures aujourd'hui à la retraite. Depuis 1922 qu'il habite ce qui fut un appartement, nul n'a gardé, dans le voisinage, le souvenir qu'il ait jamais fait le ménage. Son compagnon est un chat perclus qui se meurt d'ennui, et apporte une contribution sérieuse aux effluves d'odeurs pestilentielles.

Un huissier, Me Daigremont, commis par le président du tribunal de la Seine pour procéder à un constat, consigna dans un procès-verbal, au retour de cette expédition, tous les périls qu'il courut en accomplissant sa mission:

« Dès que l'on arrive dans les lieux, on est incommodé par une odeur nauséabonde, et surpris par la pénombre qui y règne. Dans le couloir comme dans les pièces, on ne progresse qu'en franchissant des amoncellements de vieux papiers, chiffons et objets divers. Les détritus accumulés tant sur le sol que sur les meubles paraissent y avoir été déposés depuis de très nombreuses années. Les rideaux sont noirs de poussière, et des toiles d'araignée relient les murs aux vitres ».

Dans ce style laconique des procès-verbaux, parfois si éloquent, l'officier ministériel poursuit:

« La cuisine offre le même aspect et se trouve inutilisable. A la suite de celle-ci, la chambre. Même atmosphère. »

C'est de cette atmosphère qu'il est précisément question

depuis trois ans, devant les instances parisiennes, dans un procès qui intéresse tous les locataires et tous les propriétaires. C'est qu'en effet, au-delà du cas d'espèce qui est extrême, les magistrats de la Cour de Paris ont été amenés à se prononcer sur un point très important.

Le locataire d'un appartement a-t-il le droit de disposer comme il l'entend des locaux loués sous la seule réserve d'avoir à les remettre, lors de son départ, en bon état d'entretien, ou bien est-il obligé tout au long de son séjour de maintenir le logement dans son état initial?

Le tribunal d'instance du 1er arrondissement, appelé à statuer au sujet de l'appartement de la rue Montmartre, refusa de prononcer la déchéance du droit au maintien dans les lieux et l'expulsion sollicitée par la propriétaire. Constatant que l'immeuble n'était pas en péril pour autant et que les colocataires ne se plaignaient pas, le juge décida que l'occupant n'aurait de comptes à rendre qu'à son départ. En attendant, il était libre d'accumuler les reliefs de ses repas dans les pièces, de laisser pousser les champignons entre les lattes pourries du parquet, et d'abandonner à la moisissure les fils électriques pour s'éclairer à la bougie, si tel lui semblait bon.

Au nom de la propriétaire, Me Georgette Pélissier fit appel. Le jugement du 1er arrondissement vient d'être totalement infirmé. La 17e chambre de la Cour de Paris a prononcé l'expulsion du locataire trop négligent.

Si l'occupant doit rendre l'appartement en bon état d'entretien et de réparation lors de son déménagement, cette obligation ne prive pas pour autant le propriétaire de lui demander compte de la façon dont il use de son logement, en cours de location.

« Considérant, dit l'arrêt, qu'un excès de saleté ou de désordre, avec les risques qu'il comporte pour l'intégrité de l'immeuble et la sécurité des tiers, constitue manifestement un manquement aux obligations locatives, de nature à faire déchoir l'occupant du droit au maintien dans les lieux. » Tel est d'ailleurs l'esprit de la loi.

HUBERT EMMANUEL

En vous mettant à la place du vieux locataire, rédigez une défense contre les accusations de la propriétaire.

49. Le vélo

Qu'on le considère comme une monstrueuse et tonitruante foire ambulante ou comme une super épreuve sportive dans laquelle les géants de l'asphalte, portés par un souffle épique, s'offrent en héros aux populations ravies, un fait demeure patent: les cyclistes du Tour de France, que dix millions de badauds regardent passer, font de la publicité à une foule de produits, sauf un: la bicyclette. Aussitôt disparu le dernier coureur suant, poudreux, hagard, chaque curieux enfourche douillettement son cyclomoteur pour s'en retourner à ses affaires, persuadé que la bicyclette est le dernier des instruments de torture officiellement autorisé par la loi. Et si les gamins s'accommodent encore de cette anachronique machine à pédales, le moindre succès au B.E.P.C.[1] déclenche infailliblement chez eux la première revendication motorisée.

Est-ce irrémédiable? Pas forcément. Le grand vent de l'histoire ne souffle pas toujours du même côté et ce sont d'abord les facteurs psychologiques qui déclenchent les modes et les révolutions. Depuis quelque temps, les hebdomadaires féminins redécouvrent les vertus de la bicyclette pour préserver la ligne et la santé, peut-être à la suite des plaidoyers « pro-vélo » parus dans ces colonnes sous la signature de notre infatigable apôtre, le docteur Ruffier.

Quant aux Etats-Unis, pays d'avant-garde, ils ont même importé, à l'usage des adultes, quelques milliers de ces mécaniques désuètes.

Certains commencent donc à faire de subtiles rapprochements: d'un côté, la nécessité où se trouve l'être humain, dans une société mécanisée de s'imposer, sous une forme quelconque, le minimum d'exercice indispensable à l'entretien de sa propre machine qui se rouille elle aussi et que la nature n'a doté d'aucune pièce de rechange. D'un autre côté, les difficultés croissantes pour se rendre d'un point à un autre et garer sa voiture dans l'inextricable fouillis des chaussées modernes.

La bicyclette résout ces deux problèmes, et même un troisième: il n'existe pas en ville de moyen de transport à la fois plus rapide et plus économique, et c'est sans doute là son plus grave défaut...

Qui ne peut s'offrir un moteur se sent relégué de nos jours au dernier barreau de l'échelle sociale.

Le vélo est l'instrument du pauvre, le cycliste le prolétaire de la route.

Ce trait n'est-il pas révélateur: un haut fonctionnaire sportif revenant chez lui après une sortie à bicyclette s'arrête à un feu rouge et reconnaît un de ses collègues dans une élégante décapotable. Réflexe immédiat, il le confesse, se dissimuler derrière une autre voiture!

Que faire pour retirer au cycliste son complexe d'infériorité?

Rappeler, comme le docteur Ruffier, que la bicyclette n'est pas seulement un outil bienfaisant et commode en ville. Si la France est le dernier pays d'Europe pour les autoroutes, elle est le premier du monde pour le cyclotourisme, avec près de 600.000 kilomètres de voies départementales et vicinales, dédaignées des automobilistes. (Et la Fédération Française de Cyclotourisme ne totalise que 7.000 adhérents!)

Souligner ensuite qu'un travailleur manuel surmené peut légitimement trouver dans le cyclomoteur l'économie d'un surcroît de fatigue, mais qu'un intellectuel sédentaire ne saurait invoquer la même excuse. Enfin, puisqu'il faut avoir recours à la mode et même au snobisme, apporter la preuve que si le nombre fait défaut, il y a au moins la qualité et que certaines personnalités n'hésitent pas à braver l'opinion et à montrer l'exemple.

N'est-il pas symptomatique que Robert Buron, longtemps ministre des Transports, et Ernest Marples, qui l'est toujours pour la Grande-Bretagne, en dépit de la récente valse ministérielle, sont deux adeptes fervents de la bicyclette?

Que les hommes en vue n'hésitent donc pas à se montrer en selle, sur deux roues et sans moteur.

Il faut des têtes pour recruter des jambes.

JEAN-FRANÇOIS BRISSON

[1] B.E.P.C. — Brevet d'études du premier cycle (passé à l'âge de 15 ans).

1. Quelles sont, selon vous, les vertus de la bicyclette?

2. Les cyclistes auraient, selon l'auteur, un complexe d'infériorité. Pourquoi?

50. *Sur mon calepin*

Décroché à l'hôtel des Trois Dauphins de Grenoble — la direction m'excusera — une pancarte où se détachent en lettres rouges sur fond blanc ces *Conseils en cas d'incendie:*

SI LE FEU SE DECLARE DANS VOTRE CHAMBRE:
1° NE CRIEZ PAS «AU FEU!» Soyez très calme.
2° SONNEZ la femme de chambre BOUTON BLANC.

3° ESSAYEZ de maîtriser le feu à l'aide de l'extincteur le plus proche.

4° SORTEZ de votre chambre en ayant soin de fermer la porte.

5° DESCENDEZ au rez-de-chaussée SANS HATE.

Ce qui me frappe souvent dans les écriteaux que l'on trouve chez nous, c'est leur côté cartésien: exposé, développement (même d'incendie), conclusion. Il n'en est que plus curieux de constater qu'au fort de Vincennes, comme dans les autres casernes sans doute, où les *Conseils* deviennent des *Consignes*, le même souci de logique aboutit à un résultat exactement contraire. L'écriteau d'émail, dont un de mes neveux, actuellement sous les drapeaux, m'a transmis le texte, stipule:

EN CAS D'INCENDIE:

1° CRIER « AU FEU! »

2° Alerter le poste de garde.

3° Utiliser les extincteurs.

On notera une fois de plus que la logique militaire suit toujours des voies où le civil s'égare (Freud aurait vu là un réflexe inné de contre-espionnage). Envoyé par la suite dans l'Est, ledit neveu a été surpris par le fait que, pour aller (hebdomadairement) aux douches, situées à deux kilomètres de la caserne, les recrues devaient prendre leur mousqueton. Explication de l'adjudant-chef:

— Si on prenait pas les mousquetons, avec quoi qu'on formerait les faisceaux?

Belgique, seul pays qui, en temps de paix, surpasse l'Angleterre dans l'art de désorienter l'envahisseur motorisé. Celui-ci n'a pas seulement peine, parfois, à s'y retrouver dans le labyrinthe des *évitements* et *détournements*, mais il tombe sans cesse d'une enclave wallonne dans une poche flamande où Mons devient *Bergen* et Tournai *Doornik*. Ma collection d'écriteaux s'enrichit, mais je les laisse sur place.

A un passage à niveau: « DEFENSE DE MARCHER SUR LE TRAIN ». Dans les brumes de novembre, près de Bruges, l'annonce « Grenailles errantes » prépare à des rencontres fantomatiques.

Gand. Un des amis—Belge, je précise—a traversé la chaussée sans attendre le feu vert réservé aux piétons. L'agent l'interpelle. Le contrevenant essaye de se défendre:

— Excusez-moi, monsieur l'agent, mais je suis daltonien…

— Daltonien? Alors, vous vous arrangerez avec votre Consulat. Moi, ça m'est égal: je vous dresse procès-verbal!

Faut-il venir à Gand pour apprendre le français, du moins le français tel qu'on le parle en voiture? M. Eliat, un des animateurs du Cercle artistique et littéraire, m'a raconté que, se trouvant récemment à Paris au volant de sa voiture et ayant fait une fausse manœuvre, il s'est entendu crier par un chauffeur de taxi:

— Dis donc, t'as oublié ta vinaigrette!

De retour à son hôtel, M. Eliat, que cette interjection laissait perplexe, en a demandé la signification à un chasseur (sans dire qu'il s'agissait de lui). Réponse:

— C'est quand on a une tête de veau.

Non. En France aussi, chaque jour, on en apprend. Près de La Rochelle, comme je demandais mon chemin pour me rendre à cette charmante cité de Fontenay-le-Comte, un cultivateur m'a dit:

— Vous suivez la Nationale et c'est la deuxième demi-route à droite.

Toujours les écriteaux. Un industriel de mes amis, qui, il y a un an, revenant des U.S.A., avait fait apposer dans son usine des avis conseillant: « *Si vous avez une idée, ne la gardez pas pour vous* », a dû faire marche arrière, la mise à exécution trop rapide d'idées incontrôlées ayant semé la perturbation dans certaines fabrications de série. Les nouvelles pancartes indiquent maintenant: « *Toute initiative, même heureuse, sera sévèrement réprimée* ».

PIERRE DANINOS

1. « Ne criez pas 'Au feu' » « Criez 'Au feu' »

Que feriez-vous en cas d'incendie, et pourquoi?

2. Inventez le dialogue entre la recrue et l'adjudant-chef.

3. Selon vous, que signifient les deux écriteaux:

« Défense de marcher sur le train » et « Grenailles errantes » ?

51. Bang!

Nouvelle tempête autour des aérodromes! Mais que peuvent les infortunées victimes des avions perceurs de tympans, sinon tirer des salves de malédictions?

La D.C.A.[1] familiale, en effet, n'est pas légale, ses canons fussent-ils chargés à blanc. Et le deviendrait-elle que les plus impulsifs hésiteraient à s'en servir, de peur d'ajouter encore du bruit à tant de bruit.

Fallait-il installer les aéroports dans les régions les plus reculées? Il n'en est point d'absolument désertes et on n'eût fait que changer de suppliciés.

Regrouper des populations pour isoler les aires d'envol? Trop de déchirements en perspective...

Au reste, les familiers de l'air trouvent déjà anormal de mettre parfois plus d'une heure pour aller grimper dans un bolide qui couvre Orly-Nice en cinquante-cinq minutes. Iraient-ils le prendre en Sologne, par exemple? Non. Et cette condamnation de l'avion n'irait pas dans le sens du progrès.

De ce progrès qui, à la longue, supprimera sans doute les inconvénients qu'il a créés. Il y a gros à parier qu'un jour — mais nos générations souffrantes seront-elles encore là pour ramasser les enjeux ? — les avions s'envoleront en silence.

Dans ces heureux temps futurs, les automobiles — s'il en reste — rouleront sans échappement de gaz et leurs portières ne claqueront plus. Quant aux explosions nucléaires, elles ne se signaleront plus à l'attention que par leur champignon de fumée.

On n'entendra plus que le chant des oiseaux.

La nuit, pour trouver le sommeil avec certitude, il suffira d'avoir l'esprit libre, le cœur content et l'estomac léger.

ANTONIO

[1] D.C.A. — Défense contre avions.

Le problème du bruit dans la vie moderne.

52. Acheteur à louer

Je reçois assez souvent des coups de téléphone d'inconnus. La plupart d'entre eux m'avisent, je ne sais trop pourquoi, qu'ils reviennent d'Orient, d'où ils ont rapporté une superbe collection de tapis, et qu'il me suffirait de dire un mot pour les voir. J'ai toujours du mal à leur faire entendre que je ne m'intéresse guère aux tapis des autres et ils en paraissent blessés.

Quelquefois aussi, on me pose des questions, comme si je me présentais à la police ou à l'administration des Finances :

— Nous aimerions savoir, pour d'importantes statistiques que nous tenons, la marque de votre ou de vos voitures.

Vous savez comme sont les Français : volontiers un peu farce. Aussi, il m'est arrivé de répondre, suivant l'humeur, certains jours :

— J'ai trois Rolls, dont une petite pour le marché, deux Bentley pour ma femme, une Cadillac pour les enfants et une Jaguar pour la bonne.

Ou, d'autres jours:

— J'ai une voiture à bras avec moteur hors-bord, mais je ne m'en sers que le lundi.

Je dois ajouter que l'interlocuteur prend toujours très mal ces tentatives de drôleries et qu'il reprend, sur un ton consterné:

— Monsieur, moi, je ne plaisante nullement. Je représente officiellement telle grande marque française, dont la prospérité importe à celle de notre pays. J'ai la responsabilité de sa diffusion dans un arrondissement de Paris et je vous demande en grâce d'être coopératif.

Bref, en fin de compte, et même quelquefois au commencement, je répondais avec tout mon sérieux et toute mon application, comme un écrivain à une interview sur n'importe quel sujet. Dans ce cas, l'agent de la grande marque devient fort aimable. Il explique que sa marque a des qualités incomparables et que le purgatoire de ma vie peut devenir un paradis grâce à elle. Il est à ma disposition pour venir me voir. Un essai n'engage à rien. Langage que nous connaissons dans la plupart de ses détails, mais qui nous donne l'impression caressante que nous comptons un peu. Car le bon agent n'a pas de difficulté à me convaincre qu'il ne se donne pas tout ce mal pour une misérable commission mais pour le prestige qu'il gagnerait à me compter parmi ses clients.

Ainsi, en quelques années et depuis le moment où les marchands d'automobiles n'ont plus été forcés de chasser les acheteurs, comme les crémiers pendant la guerre, j'ai reçu pas mal de coups de téléphone, car les agents de nos grandes marques appellent indifféremment au bureau ou au domicile. Cela me dérangeait un peu, mais l'insistance même de toutes ces grandes firmes avait quelque chose de flatteur.

Et puis, il est arrivé ce qui était écrit dans le livre du Destin. Un jour, il m'a bien fallu jeter ma vieille voiture et en acheter une neuve. Pesant les témoignages des amis et les avis des experts, j'étais presque décidé en faveur d'une marque. Quand son représentant m'appela, je lui donnai rendez-vous. Il n'en parut pas autrement étonné. J'essayai la voiture. Je dis : « Je la prends. »

Et c'est de là que datent mes malheurs.

Oh! ne croyez pas que j'aie été déçu par la voiture. Elle marche très bien et j'en suis content. Mais, dès l'instant précis où je l'ai emportée, on a cessé de me cajoler.

J'aurais dû songer à ce que savent faire les femmes: hésiter des heures dans une boutique; ou encore résister très longtemps à l'homme auquel elles sont résolues de céder, et d'autant plus longtemps qu'elles sont plus résolues.

J'aurais dû songer que nous-mêmes, nous sommes beaucoup plus gentils avec une femme que nous aimerions prendre à un ami.

Alors, jeter la pierre à un commerçant?...

Pourtant, je ne me sens plus que le millionième client de la marque. Quand je téléphone au garage pour prendre rendez-vous en vue d'une révision ou d'une menue réparation personne ne sait plus mon nom. Si je viens, on me parle rudement :

— Bon. Laissez-la là. On verra.

Dans le bureau, j'aperçois un visage qui sourit au téléphone. C'est mon vendeur, qui ne se dérange plus pour moi. Il fait le siège d'un bonhomme qui a une voiture américaine.

JEAN FAYARD

Quelles qualités un vendeur doit-il posséder?

VOCABULARY

A

un abordage, boarding; **prendre à l'abordage,** to board

aboutir, to lead to, result in

aboyeur, loud

abréger, to cut short

abriter, to give shelter to

abrutir, to brutalise, stupefy

abscons, obscure

abusif, improper, unauthorised, excessive

acajou (*m.*), mahogany

accabler, to overwhelm

accaparer, to capture, corner

s'accommoder (de), to put up with

accoster, to berth

accroître, to increase

un accu, (un accumulateur), battery

accueillir, to welcome

s'acheminer, to make one's way

achever, to complete, round off

âcre, bitter

actuellement, at the present moment

un adjoint, deputy, assistant

un adjudant-chef, Company Sergeant-Major

adossé, leaning, back to back

adresse (*f.*), skill

affecté (à), assigned, posted to; **affecté de,** burdened with; **être affecté d'un vice,** to have a flaw

afficher, to parade, flaunt

d'affilée, at one stretch, off the reel

affluence (*f.*), flow, influx, affluence, attendance

affolé, crazy, distracted

affronter, to face, stand up to

agencer, to arrange, plan

agréer, to suit

agrément (*m.*), pleasure, comfort

aux aguets (*m.pl.*), on the watch

ahaner, to pant

aigri, embittered

un aiguillage, points (*railway*)

aiguiller, to shunt, switch

un aimant, magnet

une aire, surface, area; **aire d'envol,** taking off area, runway

aléatoire, problematical, chancy

alentour, round about

alléchant, tempting, enticing

un allégement, lightening of the burden

allégrement, happily, light-heartedly

allouer, to allocate, attribute

une allure, bearing, appearance, speed

un alvéole, cell

une ambiance, atmosphere

ambiant, surrounding

améliorer, to improve, reshape

un aménagement, arrangement, planning

aménager, to set up, prepare

s'aménager, to fit together, come to an arrangement

amener, to haul down (*sail*)

amer, bitter

à l'amiable, amicable

un amoncellement, pile, heap

une amorce, beginning

anéantir, to annihilate

angoisse (*f.*), anxiety, distress, disquiet

annelé, ringed

ânonner, to stumble over, blunder through

une antenne, aerial

un antiquaire, antique dealer

un apparat, show, pomp, display

appâter, to bait

applaudir (à tout rompre), to bring down the house

apposer, to post, exhibit

apprécier, to appraise, cast a critical eye over

âpre, bitter

une araignée, spider

arbitrage (*m.*), refereeing

arborer, to raise, set up; to wear, sport

une ardoise, slate

un aréopage, tribunal

une arpète, milliner's apprentice

arrêté, defined, fixed

s'arroger, to claim for oneself, assume

asservissement (*m.*), slavery

assourdir, to deafen

s'astreindre, to compel, force oneself

un atelier, workroom, studio

un atout, ace card

s'atténuer, diminish, die away

s'attirer, to bring down upon oneself, provoke

une auréole, halo

auréoler, to encircle

autant, pour autant, thereby

autochtone, native, local

autrement, particularly

avachi, soft, sloppy

s'aviser, to take into consideration

B

un badaud, gaper

bafouiller, to stammer out, splutter

une bagarre, scuffle, brawl

se balader, to stroll, travel

balbutier, to stammer

une balise, ground-light, beacon

un bambocheur (*fam.*), reveller

une banlieue, suburb

une banquette, seat (car)

une baraque, hut, shanty

barbelés (*m.pl.*), barbed-wire

une barème, scale, marking scheme

un barreau, rung

une batterie, set

béant, yawning, gaping

beau, avoir beau + inf.—to do something in vain

bègue (*m., f.*), stutterer, stammerer

un berger, sheep-dog

un bibelot, curio, trinket

bichonner, to make smart, spruce

une bicorne, (*two-pointed*) cocked hat

un **bien**, property

bigouden (name given to Breton dress of Pont-l'Abbé region)

un **bilan**, list

un **bistrot**, pub

à **blanc**, to a white heat; **chargé à blanc**—loaded with a blank

blottir, to curl up, snuggle down

un **blouson**, jacket, windcheater

un **bohémien**, gipsy

une **boîte**, club; **boîte de nuit**, night-club

un **bolide**, fire-ball, meteor

bonasse, good-humoured, bland

un **boqueteau**, small wood, copse

bossu, hunch-backed, round-shouldered

bouché, blocked up

un **bouchon**, cork, stopper

une **boucle**, buckle, loop, curl; **la boucle est bouclée**, the circle is completed

boucler, to shut, lock up, buckle

bouder, to stand aloof from

bouffer, to puff out, swell out

une **bougie**, candle

bougon, grumpy, surly

un **bouleau**, birch-tree

bouleverser, to upset

boulot (*m.*), work, jobs

un **bourg**, small market town

un **bourreau**, executioner

bourrer, to fill (*pipe*)

un **braconnier**, poacher

brancher, to connect up, plug in

braquer (*un revolver*), to point; embarrass, aim at

un **brevet**—diploma, certificate

un **brin**, blade, sprig, slight suggestion

briquer, to polish highly

un **broc**, pitcher

brouillé, bemused, estranged

un **brouillon**, rough draft; **une feuille de brouillon**, paper for rough work

brut, raw, crude

bruyère (*f.*), heath, heather

buis (*m.*), box-wood

buté, set, stubborn

un **butoir**, buffer, stop

une **buvette**, refreshment bar

C

une **cadence**, rhythm

un **cadre**, framework, setting, limits; section of population

une **caissière**, cashier

une **calandre**, shell of a (*car*) radiator

un **calepin**, note-book

un **cap**, cape, headland

Caraïbes (*mer des*), the Caribbean

un **carburant** (*motor*), fuel

une **carence**, deficiency

carillonner, to ring a peal; **une fête carillonnée**, high festival

un **carrefour**, cross roads

un **cartable**, satchel

cartésien, Cartesian—i.e. based on system of Descartes

carton (*m.*), cardboard

casanier, stay-at-home

une caserne, barracks

un cauchemar, nightmare

en cause, in question

céans, here, in this house; le maître de céans, the master of this house

céder, to give up, yield

célibat (*m.*), celibacy

une cellule, cell

un censeur, vice-principal (*of lycée*)

cerner, to surround, beset

chaleureux, warm, enthusiastic

un chalutier, trawler

change (*m.*), money-changing, exchange

un chantier (*building*), yard

un chapiteau, capital (*of column*)

un char, chariot

un chasseur, commissionaire

une chaussée, road, highway

une chaussette, sock

un chemineau, tramp

cheminement (*m.*), advance, progress

une chemise, folder, jacket

chérifien, Moroccan

chétif, weak, puny, slender

une chicane, argument, quibbling

un chicaneur, quibbler, haggler

chômer, to be idle

la chose publique, public affairs

chronométrer, to time

un cierge, wax candle (*church*)

cimenter, to bind together, support

une cire, wax

un ciré, oilskin

un citadin, town-dweller; la vie citadine, city life

une citrouille, pumpkin

clairsemé, sparse, scattered

clapotis (*m.*), lapping (*water*)

une claque, body of hired clappers

classé, graded, selected

clignotant, blinking, intermittent

un clocher, church tower; l'équipe de leur clocher, the local team

un code, le Code de la Route, Highway Code

une cohue, crowd, mob

coller, to plough, fail (*candidate in an exam*), to stick

colocataire (*m. f.*), joint tenant

colporter, to hawk, peddle, spread abroad

comble (*m.*), height

combles (*m.pl.*), roof

commode, convenient

complet, full, completely booked

complice (de), accessory to, accomplice of

comportement (*m.*), behaviour

une composition, agreement, compromise

compte (*m.*); tenir compte de, to take into account; mettre au compte de, to ascribe to, hold against; son compte est bon, his number is up

un concurrent, rival, competitor

à condition, on approval

une conférence, lecture

140

confier, to entrust

congeler, to freeze

un congénère, one of the same species

connaissance (*f.*), **prendre connaissance de,** to become acquainted with

consécutif (**à**), consequent upon, due to

de conserve, together

une consigne, order

un constat, report

une constatation, observation, finding

constater, to note

une contravention, breach (*of rule*), offence; **infliger une contravention à,** to summon

conventuel, of a religious house

coquin, roguish

corps (*m.*), **prendre corps,** to take shape

une corvée, duty, hard labour

costaud, tough, strapping, hefty (*individual*)

cote (*f.*), value

coucher, to jot down

un coude, elbow; **faire un coude,** to bend sharply

un coup; à tout coup, every time

une coupure, interval

un coureur, racing cyclist

courtois, urbane, polite

couture (*f.*), dress-making

couver, to smoulder

crasseux, squalid

une créance, debt; **créances d'un recouvrement désespéré,** bad debts

une crécelle, (*hand*) rattle

creux, hollow, dull

croiser, to meet, come across

croissant (*pres. part.* croître), growing, increasing

crouler, to shake, be on the point of collapse

croupissement (*m.*), stagnation

culot (*m.*), nerve, cheek

culotter, to mellow, harden

D

daltonien, colour-blind

dames (*f.pl.*), game of draughts

un damier, draughtboard

déambuler, to stroll

se débattre, to struggle

un déboire, disappointment, blighted hope

déborder, to overwhelm, overflow

déboucher, to emerge, come out

débraillé, untidy, unkempt

débrayer, to disengage clutch

se débrouiller, to manage, rub along

une décapotable, convertible (*car*)

déceler, to reveal, expose, discover

une décennie, decade

décerner, to award

déchaîner, to let loose, arouse the enthusiasm of

une déchéance, failure

déchiffrer, to decipher, read (*map*), solve

141

déchirement (*m.*), heartbreak

déchoir, to fail in, fall short of

déclencher, to set off, prompt

un **décollage,** take-off (*plane*)

déconfit, crestfallen

décrocher, to unhook

dédaigner, to spurn

un **défaut,** failing; **faire défaut à,** to elude

défiler, to file, speed past

défoulement (*m.*), psychological release

dégagé, d'un air dégagé, in an off-hand manner, airily

dégâts (*m.pl.*), damage

déhanchement (*m.*), swaying

délaisser, to forsake, desert

un **démarcheur,** canvasser (*bank, insurance, etc.*)

démarrer, to drive off

un **déménagement,** moving house, change of residence

déménager, to change the position of, to move

démence (*f.*), madness, insanity

se **démener,** to take no end of trouble

démentir, to give the lie to, belie

dénué, stripped

dépasser, to overtake, go beyond

dépaysement (*m.*), removal from one's element

dépensier, spendthrift, extravagant

dépiquer, to transplant, dig up

un **déplacement,** short journey

se **déplacer,** to move around, travel

se **déplier,** to unfold, extend, stretch

un **déploiement,** display, show

dépouillement (*m.*), poverty, lack of possessions

se **dérouler,** to take place

dérouter, to baffle, outwit

désemparer, to quit, abandon; **sans désemparer,** permanently

désintéressement (*m.*), indifference

désinvolture (*f.*), ease, gracefulness

désorienter, to lead astray, put off

désuet, antiquated, obsolete

détendu, relaxed

une **détente,** rest, relaxation

détritus (*m.*), rubbish, refuse

un **deuil,** bereavement

déverser, to pour out

dévider, to recite, reel off

une **devise,** motto

dévolu, transmitted, handed down

dévouement (*m.*), devotion

diane (*f.*), reveille

diapason (*m.*); **être au diapason de,** to match, be adapted to

difficile, demanding, hard to please

diffusion, (*f.*), spread, sale

une **dilection,** love, liking

une **disette,** scarcity, dearth

une **dissertation,** essay

se dissimuler, to hide

doléances (*f. pl.*), complaints, grievances

domanial, belonging to the State

données (*f. pl.*), data

doter, to endow

une **douche,** shower

doué, gifted

douillettement, cosily

dresser, to put up, erect

droit; à qui de droit, to the proper quarter

dru, heavy (rain)

E

éblouir, to dazzle

une **écaille,** scale (*fish*)

écharpe (*f.*); **pris en écharpe,** caught obliquely

s'échauffer, to become heated

échéant; le cas échéant should the occasion arise

un **échec,** failure

une **échelle,** scale

échouer, to fail, be ploughed (*in exam.*)

un **écran,** screen

écraser, to crush

un **écriteau,** notice

écritures (*f. pl.*), commercial papers; **un employé d'écritures,** book-keeper, clerk

effectif (*m.*), total number size

s'effilocher, to wear away, become frayed

effleurer, to touch the surface

s'effondrer, to collapse, cave in

s'efforcer, to attempt, strive

égards (*m. pl.*), respect

égarer, to lead astray

éloigner, to send away

émail (*m.*), enamel

d'emblée, straight away

un **embout,** tip, end fitting

un **embouteillage,** bottle-neck, jam

un **émoi,** excitement, flutter

empaillé, stuffed

emporter (**l'**), to win, prevail over

empressement (*m.*), eagerness, enthusiasm

encaquement (*m.*), *lit.* 'barrelling' (*herrings*)

un **encombrement,** jam (*traffic*)

encore que, although

enflé, swollen

s'enfler, to swell

s'enfoncer, to plunge

enfourcher, to mount

engorgé, congested

s'engouffrer, to be swallowed up

un **enjeu,** stake (gaming)

un **enjoliveur,** trimming

enorgueillir, to make proud

s'enquérir (*de*), to enquire about

une **enquête,** enquiry, investigation

une **enseigne,** sign

enseignement (*m.*), teaching, lesson

enseigner, to teach (*subject*)

une **entaille,** notch, mark

entamer, to embark upon, broach

en tant que, in (*my*) capacity of, as

un entassement, piling up

une entorse, sprain, twist; infringement

entrebâillé, half-open, half-unfolded

un entremêlement, jumble, medley

entretenir, to look after, maintain

s'épaissir, to grow dense

épargner, to spare, avoid

éphémère, transitory, short-lived

un épi, ear (*of grain*)

épinards (*m.pl.*), spinach

épineux, thorny, difficult

une épitoge, graduate's hood (*in France a band worn over left shoulder*)

éplucher, to clean, peel, skin (*vegetables*)

époussetage (*m.*), dusting

une épreuve, test, contest, ordeal, examination paper

éprouver, to try, test; experience

une éprouvette, test-tube

épuisant, exhausting

équilibrer, to balance

ériger, to erect, set up

une escale, port of call

escamoter, to skip, scamp

un esclavage, slavery, enslavement

espèce (*f.*); **en l'espèce,** in this particular case; **le cas d'espèce,** the case in question

un esprit, un bel esprit—a wit

un essuie-glace, windscreen-wiper

essuyer, to suffer, experience

estival (*adj.*), summer

une estrade, dais, platform

un étalage, display, flaunting; shop-window

étalement (*m.*), spacing out, spread, staggering

étaler, to spread out, display

un étang, pond, pool

une étape, lap, stage of journey

un état, state; **un état d'âme,** mood

étayer, to give support to, reinforce

s'étirer, to stretch

étourderie (*f.*), carelessness

une étude, (*lawyer's*) practice

éventuel, possible

s'évertuer, to work away (*at*)

un évier, sink

une exigence, demand

exiger, to exact, demand

exiguïté (*f.*), diminutiveness, restricted space

F

une fabrication de série, mass production

factice, imitation, dummy

faïence (*f.*), earthenware

un faisceau, bundle, pile; **former les faisceaux,** to pile arms

fait, sur le fait, red-handed

fard (*m.*), make-up, pretence

farouche, wild, shy, timid

faste (*m.*), ostentation, display

fastidieux, dull, tedious, irksome

fécond, fertile, fruitful

feindre, to pretend

fer-blanc (*m.*), tin-plate
ferronnerie (*f.*), wrought iron
ferrugineux, iron
un feu, light; **un feu clignotant,**
an intermittent light
feuilleté, well-thumbed
ficher le camp, to hop it
un fief, fief, home
une fioriture, decoration, em-
bellishment
fixer, to stare at
flairer, to scent, smell out;
flairer un piège, to suspect
a trap
flâner, to stroll
fléchir, to weaken, drop
fleur; à fleur de peau, skin-
deep, on the surface
flou, hazy; **un atelier de flou,**
dress-making room
foncer, to lunge forward, rush
fond, le fond sonore, the
background noise
fondre, to melt
fonte (*f.*), cast-iron
force; force m'est de, I am
obliged to; **force,** many;
à force, with the result
that, so that
une forcerie, forcing house, hot-
house
formel, categorical
former, to train
une fougue, enthusiasm, abandon
fouiller, peer into, probe
un fouillis, jumble, confusion
fourchu, forked
un foyer, hearth, home
un fracas, din
franchir, to drive through,
clear, cross

**franquette; genre 'bonne
franquette',** free and easy,
friendly
frayer; se frayer un chemin, to
find a way
un frein, brake, deterrent
frissonner, to shiver
fugace, fleeting
fur, au fur et à mesure (que),
in proportion (as), as you
go

G

un gâchis, mess
une gaffe, blunder; **faire une
gaffe,** to drop a brick
un gage, pledge, security; **les
gages,** wages; **sans gages,**
worthless, empty
gambades (*f. pl.*), capers,
antics
une gamme, range, selection
un garde champêtre, rural pol-
iceman
garer, to garage, park
garnir, to occupy
une garnison, garrison; **tenir garnison,** to be garrisoned
gaspiller, to squander, waste
geignard, whining, fretful
geindre, to moan, whine
gémir, to moan
gêner, to embarrass, hinder,
obstruct; **se gêner,** to put
oneself out
génial, inspired
un genre, fashion, taste; **le
bon genre,** the fashionable
thing to do
gérer, to manage, run

un **gerfaut,** gerfalcon
gestion (*f.*), management, direction
une **gifle,** slap
gifler, to slap the face of
une **girouette,** weathercock
un **gîte,** lair
goguenarder, to banter, joke
un **grabat,** mean bed
un **graphique,** graph
gré (*m.*), liking, taste; **en savoir gré à quelqu'un,** to be grateful to someone for
grenaille (*f.*), refuse, grain, granular metal, stray bullets
un **grenier,** attic
grès (*m.*), sandstone
une **grève,** strike
un **gribouillis** (*usually* '**gribouillage**'), scrawl, scribble
grincheux, grumpy
griserie (*f.*), intoxication, excitement
grognon, peevish
grommeler, to mutter
gros; il y a gros à parier que, it's a hundred to one that . . .

H

* denotes aspirate 'h'
une **habileté,** skill
une ***hanche,** hip
***harceler,** to harass, torment
***hargneux,** peevish, cross
un ***hauban,** guy, stay
se ***hausser,** to grow in height; **se hausser du col,** to carry one's head high

un ***haut-le-coeur,** heave (*of stomach*), retch
hebdomadaire, weekly
héberger, to shelter, billet
un ***hérisson,** hedgehog
hétéroclite, odd, incongruous, of mixed styles. .
se ***heurter** (à), to come up against
un ***hoquet,** hiccup, 'jump'
un **horaire,** time-table
***houleux,** heavy, angry (*sea*)
une ***housse,** cover
un **huissier,** bailiff

I

un **immeuble,** building, block of property
imperméable, impervious, waterproof
importance (*f.*), extent, quantity
important, large, great
à l'**improviste,** unexpectedly, unawares
inconscient, oblivious to everything
increvable, unbreakable
incruster, to make up a dress with insertions
une **indemnité, une indemnité de fonction,** allowance (*for expenses incurred*)
indifféremment, equally, without discrimination
infirmer, to quash
infliger, to inflict
inlassable, untiring
inné, inborn
insolite, unusual

une instance, court of first instance

intempestif, inopportune, ill-timed

une interdiction, prohibition, thing forbidden by law

inusable, that never wears out

investir, beleaguer, hem in

ivre, drunk

un ivrogne, drunkard

J

jacasser, to prattle

jaillir, to burst out

un jalon, stake, rod; **poser des jalons,** to prepare the way

jalouser, to be jealous of

un joaillier, jeweller

jonché, littered, strewn

un joyau, jewel, gem

L

lâcher, to let go, release

lâcheté (*f.*), cowardice, dirty play

une lacune, gap, omission

laideur (*f.*), ugliness

laisser courre, *lit.* to slip the hounds, 'kick-off'

un lampion, fairy-light, lamp

une lande, heath

lasser, to weary

une latte, batten

un lauréat, prize-winner

laurer, to give a prize to

lésiner (**sur**), to economise, be stingy over

lessivage (*m.*), washing (*household*)

un lévrier, greyhound

libellé (*m.*), wording, drawing up, rubric

liège (*m.*), cork

un lien, bond, link

se lier, to be formed

un lièvre, hare

une lisière, edge, fringe

un litige, law-suit

une livraison, delivery

livrer, to hand over, leave; **se livrer à,** to indulge in,

un local, premises

une location, booking, reservation, hire

loisir (*m.*), leisure, *pl.* 'holidays'

longer, (*en voiture*), to drive along

un lorgnon, pince-nez

une loupe, lens, reading-glass

un loyer, rent

lustrer, to polish

M

un madrier, plank, beam

un magnétophone, tape-recorder

une maille, mesh

maîtrise (*f.*); **le cadre de maîtrise,** foreman or superintendent class

malin, malicious

un manège, performance, little game

manier, to handle

une manivelle, handle

manne (*f.*), manna

un manque, shortcoming

une maquette, model, mock-up

maquiller, to make up (*face*), falsify

une marée, tide, swarm

147

un **mareyeur,** fish-monger

une **marmotte,** marmot; **dormir comme (une) marmotte,** to sleep like a log

un **massif,** clump

un **mastodonte,** mastodon; *here* building of enormous bulk

une **matière,** subject (*school*)

une **matraque,** bludgeon, club

méconnaître, to fail to recognise, not to know

se **méfier (de),** to beware of

mélomane (*m. f.*), melomaniac, one who is mad about music

à **même,** right on to

ménager (*v.*), to humour, take into account; (*adj.*) household, domestic

mener, mener à bien, to carry through

menottes (*f. pl.*), handcuffs

mépris (*m.*), scorn; **au mépris de,** in contempt, defiance of

mépriser, to despise

mesure (*f.*); **en mesure de,** in a position to

un **metteur** (*en scène*), producer

une **meute,** pack

une **mièvrerie,** affectation

un **miroitement,** flashing

miser, to stake (*betting*)

une **mitraillette,** machine-gun

mœurs (*f. pl.*), morals, habits; **un certificat de bonnes mœurs,** certificate of good character

moisissure (*f.*), mildew

un **montant,** account, bill

morne, dejected, gloomy

un **motard,** police motor-cyclist

mou, limp, spiritless

un **mousqueton,** rifle

une **moyenne,** average

muer, to change

mufle, ill-bred, caddish

munir, to provide, fit

un **museau,** snout

une **myrtille,** bilberry

N

nacre (*f.*), mother of pearl

naguère, not long since, recently

nanti (de), provided with

naphtaline (*f.*), moth-balls

néant (*m.*), nothingness

nettement, clearly, precisely

une **note,** mark, **carnet de notes,** mark-book

se **nuancer (à),** to blend with, have some affinity with

O

une **obole,** farthing, mite

d'occasion, for the occasion

une **orée,** edge, border (*of wood*)

un **oreiller,** pillow

d'ores et déjà, here and now

une **ordonnance,** disposition, arrangement

orné (de), adorned with, wearing

une **orthographe,** spelling

un **ouragan,** hurricane

ourler, to hem

un **outil,** tool

outre, besides, as well

P

un **palier**, landing

un **palmarès**, prize list, honours list

une **pancarte**, card, notice

une **panne**, breakdown; **en panne**, broken-down

papoter, to gossip, talk about nothing

un **parcours**, journey

paré, decked out, decorated

parenté (*f.*), relationship

parer (à), to make up for, fill

parier, to bet

un **parloir**, visiting-room

une **paroi**, wall

un **parrain**, godfather

parsemé, sprinkled, dotted

une **part**, share; **d'autre part**, on the other hand, then again

un **partage**, sharing, partition (*of property*)

un **parterre**, pit, area (*of hall*)

un **parti**; **prendre le parti de**, to take the side of, support

un **pas**; **le hall** (*more usually* **la salle**) **des Pas Perdus**, waiting hall of station

un **passage à niveau**, level-crossing; **au passage, in passing**; **un passage clouté**, pedestrian crossing

un **pastis**, apéritif drunk chiefly in S. France

patauger, splash, flounder

une **pâte**, paste

pâtir, to suffer

un **pavillon**, (*detached*) house

pavoiser, to dress (*ship*)

peigner, to comb, smooth out, polish up

péjoratif, disparaging

un **pèlerinage**, pilgrimage

une **pèlerine**, hooded cape

une **pelote**, ball (*wool*)

penaud, crestfallen, sheepish

pénombre (*f.*), semi-darkness

pénurie (*f.*) dearth, shortage

perclus, lame

périphérie (*f.*), outskirts (*of town*)

une **perspective**, prospect

pesant, heavy, ponderous

un **pétard**, cracker (*firework*)

un **phare**, headlight

une **pièce de rechange**, spare part

la **piétaille** (*fam.*), foot-sloggers

piétiner, to mark time

un **pinceau**, (*artist's*) paint-brush

piquer, to dive

placement (*m.*); **un bureau de placement**, employment agency

une **placette**, little square

plat; **mettre à plat**, to run down

un **pli**, envelope, letter

plier, to fold, bend

une **pochette**, fancy handkerchief

un **poêle**, stove

un **poignet**, wrist

un **poil**, hair, coat

point (*m.*); **mettre au point**, to perfect, finish off

un **pointage**, ticking-off, checking

pointillé, dotted (*line*)

potager (*lit.*), taken from pots; **fleurs potagères**, *here* 'artificial flowers'

un **poulailler**, hen-house

pourvu, well-stocked

poussiéreux, dusty

poussif, wheezy, short-winded

une **poutre,** joist, beam

préalable, previous, prior; **au préalable,** beforehand

précoce, early

prendre; le prendre de haut, to show arrogance

un **préposé,** man in charge, official

prévenir, to warn

une **prime,** bonus

un **primeur,** early vegetable or fruit

printanier, spring-like

une **prise** (*de courant*), electric point

priver, to deprive

procédé (*m.*), the principle of the thing

un **procès,** lawsuit; **faire le procès de,** to criticise

un **procès-verbal,** report, record of evidence; **dresser un procès-verbal,** to take down particulars of an offence

profane, lay, uninitiated

un **programme,** syllabus

une **prolonge,** long truck (*railway*)

propédeutique, preparatory (*year*) before entering upon advanced studies in certain university faculties and 'grandes écoles'

propre, fitted, suited, calculated

une **propreté,** cleanliness, neatness

provisoire, temporary, provisional

provisoirement, for the time being

pudeur (*f.*), modesty

puiser, to draw (*water, strength, etc.*)

Q

quelconque, commonplace, mediocre

une **quête,** quest, search

queue leu leu (à la), in single file

une **quiche,** kind of meat flan

quitte; en être quitte à si bon compte, to be let off so lightly

quotidien, daily

R

râblé, broad-backed, strapping

un **raccommodage,** repair

un **raccord,** touching-up (*paintwork*)

racé, thoroughbred

raide, steep

raison (*f.*); **avoir raison de,** to get the better of

ralentir, to slow down

rancune (*f.*), malice, grudge

rapetisser, to shrink

rapport (*m.*); **par rapport à,** in relation to, compared to

rapporté; un élément rapporté, an added, separate, part

un **rapporteur,** author of a report

un **rapprochement,** comparison, parallel

ras, au ras de, level with
un râtelier, (*pipe*), rack
rater, to miss, fail in
une rature, erasure
réagir, to react, deal with
rebondi, rounded, full, stout
recaler, to fail, plough (*candidate in exam*)
recette (*f.*), receipts, takings
une réclamation, claim, demand
réclamer, to claim, call for
réclusion (*f.*), imprisonment
un recoin, recess, nook
recouvrir, to mask, hide
recueilli, meditative, rapt
recueillir, to collect, gather, listen to
reculé, remote
reculer, to draw back, retreat
récupérer, to recover, find again
un récurage, scouring, cleaning
un rédacteur, contributor (*to magazine*)
rédiger, to draw up, compose
redoutable, daunting, formidable
une régie, administration
régir, to govern
regorger, to overflow
rehausser, to raise
un rein, kidney; **un tour de reins,** backache
un relâchement, easing-up, slackening
relever; relever une contravention contre, to serve with a summons; **relever de,** to come within the province of

reliefs (*m. pl.*), scraps
relier, to attach
une reliure, binding (*book*)
un remblai, embankment, bank
une remorque, trailer
un remorqueur, tug
un remous, eddy, movement
un rendement, production (*industrial*)
une rentabilité, income-earning potential
rentré, suppressed, unused
se repaître, to feed on
répartir, to allocate, space out
replet, stoutish, dumpy
réprimer, to repress, check
reprise (*f.*), **à plusieurs reprises,** on several occasions
un réseau, network, area, system
réserver, to hold in store
un ressort, resilience, liveliness
reste; au reste (*more usu.* **du reste**), besides, moreover
à retardement, with a view to the future
retentir, to resound, ring out
une retraite, retirement
un retraité, a retired person
retrancher, to cut out, banish
rétrécir, to make smaller
un rétroviseur, driving-mirror
se réunir, to get together, meet
une revendication, claim, demand
revêtir, to take on, assume
revêtu, dressed in
une révision, overhaul, servicing
révolu, completed, ended (*of time*)
rogue (*f.*), salted cod-roe (*bait*)

un **romanichel,** gipsy, romany
ronger, to gnaw
se **rouiller,** to rust
se **ruer,** to rush

S

sabir (*m.*), colloquial jargon
un **sabot,** drag, skid; clog
une **salve,** salvo
une **sanction,** penalty, punitive action
sangloter, to sob
un **sans-gêne,** off-handedness
scander, to punctuate (by *banging, clapping, etc.*), to applaud
un **scellé,** seal
un **schéma,** diagram
un **schématisme,** convienient arrangement
une **séance,** meeting
secourisme (*m.*), first-aid
un **sein,** breast, bosom
une **selle,** saddle
un **sémaphore,** signal-station
semer, to sow, strew
une **sensibilité,** sensitiveness
sensible, sensitive
serrer (*la défense*), play a close defensive game
un **service d'ordre,** police force
sévices (*m. pl.*), brutality, cruelty
sied, il sied de, it is fitting to
siéger, to sit
sillonner, to furrow, line
un **simulacre,** veneer, semblance
singer, to ape, mimic
une **société,** firm, undertaking
soigné, well cared-for
somme toute, on the whole

sorcellerie (*f.*), witchcraft, sorcery
une **souche,** chimney stack
soucieux, anxious
un **souffle,** wind, breath
souhaitable, desirable
un **soulagement,** relief
soulever, to raise, lift up
soumis, submissive
en **sourdine,** muted, soft
sourdre (*used only in 3rd person and infin.*), to spring, emanate from
un **stage,** course of instruction
stagiaire (*m. f.*), probationer
une **station,** seaside resort
stationner, to park
statuer, to give a decision
une **superficie,** area
un **supplice,** agony, torture
un **supplicié,** victim
suranné, out-of-date
un **surcroît,** addition, increase; de (*more usu.* **par**) **surcroît,** what is more, into the bargain
surdité (*f.*), deafness
surmené, overworked
sus (en), extra
susciter, to provoke, arouse

T

un **taille-crayon,** pencil-sharpener
un **tambour de ville,** town-crier
une **tanière,** lair, den
un **tapage,** noise, din
se **targuer,** to pride oneself
un **témoignage; porter (un) témoignage,** to bear witness, give evidence

un témoin, witness, observer

tenir (de), to take after, resemble; **tenir à qqc.**, to depend on, spring from; **tenir à + inf.**, to be anxious to

tenter, to attempt, venture

une tenue, dress, care for appearance

une termitière, termitary, nest of of ants

terne, dull, lifeless

un terrien, land-lubber

un terrier, burrow

un terroir, soil; **parents du terroir**, folk from home

têtu, stubborn, obstinate

une théorie, procession, string (*of people*)

une tige, stem, rod

un tintamarre, din, racket

un tir, shooting-gallery, rifle-range

titre (*m.*); **à titre de**, by virtue of

tituber, to reel, totter

une toile, canvas, tent

tôle (*f.*), sheet-iron

une tondeuse, lawn-mower

tondre, to mow

tonitruant, thunderous

tordre, to twist

tort (*m.*); **faire tort à qqn. de**, to defraud someone of

une tournée; **faire la tournée**, to go the rounds

tracas (*m.*), worry, bother

traîner, to go around with

traite (*f.*); **d'une traite**, at one go, without interruption

tran-tran (*or* '**train-train**') (*m.*), routine, humdrum existence

trébucher, to stumble

tremper, to soak, dip

une trève, truce

un tri, selection

tricher, to cheat

trimer, to toil, slave

troquer, to swop

un truc, trick, dodge, catch

truquer, to fix, falsify

une tuile, tile

turpitude (*f.*), depravity, baseness

un tuteur, prop, support

un tuyau, pipe; **tuyauté**, fluted, goffered

un tympan, ear-drum

U

une unité, tactical unit, ship

d'usage, customary, traditional

usure (*f.*), wear and tear

V

un vacarme, din

une vague; **nouvelle vague**, belonging to 'avant-garde' group of film directors

une vahiné; **les vahinés tahitiennes** the 'belles' of Tahiti

valable, valid

variole (*f.*), smallpox

vedette (*f.*), limelight, leading role, star (*of film, radio etc.,*)

veiller, to watch, remain awake; **veiller à**, to be careful to

une velléité, whim, stray impulse

un vent coulis, draught

verdure (*f.*); **un théâtre de verdure,** open-air theatre

verser, to overturn

vertige (*m.*); **être pris de vertige,** to become dizzy

vicinal; une voie vicinale, local road, by-road

un vide-ordures, waste disposal unit

une vinaigrette, oil and vinegar dressing

un virage, turn, corner

viser, to aim at, consider, have in view

vissé; un bouchon vissé, a screw-in stopper

vitré, glass-panelled

une voie, lane (*on motorway*)

voire, even

un volant, steering-wheel

une volière, aviary, cage

voûté, vaulted, arched

Z

un zouave; faire le zouave, to fool around